Danke für
den tollen
Kaffee + auch
die Hafermilch

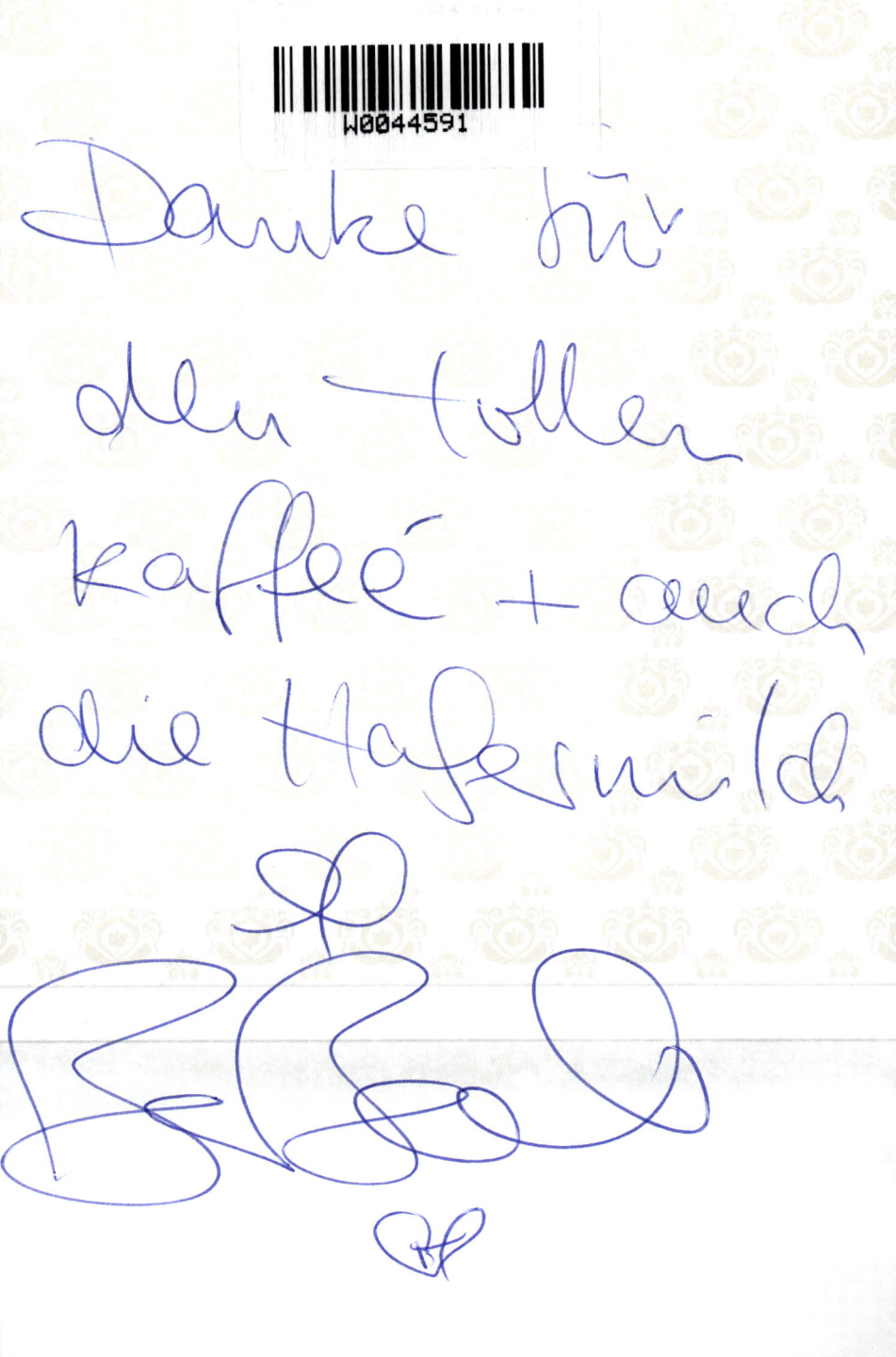

BARBARA BECKER & CHRISTIANE SOYKE

Mama allein zu Haus

Wie geballte **Freundinnen-Power** uns
vor dem **Empty-Nest-Syndrom** bewahrte

Für Noah, Elias
und Nicholas

BARBARA BECKER & CHRISTIANE SOYKE

Mama allein zu Haus

Wie geballte **Freundinnen-Power** uns
vor dem **Empty-Nest-Syndrom** bewahrte

INHALT

Christiane | München

Schluss-gong

München, eine Stunde vor Beginn der feierlichen Abiturzeugnisverleihung: „Mama, wo sind meine Socken?"

Mein Sohn darf ab heute studieren, eine Partei gründen, ein Techunternehmen leiten oder eine Bar eröffnen – vorausgesetzt er schafft es je, seine Socken zu finden. Aber noch hat er ja seine persönliche Assistentin und die wird ihren Job wohl noch eine Weile behalten, wie es gerade aussieht.

Wie viele Seufzer stößt eine Mutter wohl im Laufe ihres Lebens aus? Ja genau, Millionen, wenn sie, wie schon so oft zuvor, ins Kinderzimmer geht, den Kleiderschrank öffnet und stumm auf die Socken in der Sockenschublade zeigt. Oh – Zauberei – da ist es ja, wonach das Kind gesucht hat.

„Ich hab die nicht gesehen. Ehrlich, Mama."

Ja klar. Passt schon, Schatz. Du hast ja mich.

Als Mutter ist man Putzfrau, Köchin, Abhol- und Bringservice, Motivatorin mit dem ewigen „Du schaffst das"-Mantra und Trösterin, wenn doch mal etwas schiefgeht. Ich glaube, fast jede Mutter sehnt in solchen Momenten, in denen mal wieder die ganze Last des kindlichen Lebens auf ihren Schultern ruht, den Tag herbei, an dem das Kind keine Hilfe mehr beim Anziehen braucht, an dem sie es nicht mehr wecken muss, weil wie jeden Tag die Schule überraschenderweise um acht Uhr anfängt.

Zwölf Jahre Schule und jeden Morgen die gleiche Hektik.

„Nicholas, in zehn Minuten müssen wir los."

Keine Antwort, dafür läuft der Föhn. Immer noch? Seit fünfzehn Minuten? Wie lange kann ein Jugendlicher eigentlich seine Haare föhnen?

„Nicholas! Du kommst zu spät. Jetzt mach hinne!"

Immer wieder hatte ich diesen Gedanken: Wenn ich eines Tages an einem Herzinfarkt sterben sollte, dann wird das am frühen Morgen geschehen, wenn ich zum zehnten Mal meinen Sohnemann zur Eile angetrieben hätte.

Ein typischer Morgenablauf gefällig, nachdem mein Sohn doch endlich das Bad verlassen hat? Im schlimmsten Fall ist der Schulbus schon

7

vor einer halben Stunde losgefahren. Wir wohnen auf dem Land, keine U- oder S-Bahn in der Nähe. Wenn mein Herr Sohn es noch rechtzeitig in die Schule schaffen will, müssen wir die Abkürzung quer durch den Wald nehmen. Mit hundert Stundenkilometern auf fünfhundert Metern gerader Strecke. Mein Sohn findet es uncool, dass ich mich jedes Mal darüber aufrege.

„Dem Papa macht das nichts aus, so schnell zu fahren", murmelt es vom Sitz neben mir – er ist offenbar noch immer nicht ganz wach. Zumindest sind seine Augen zu. Na klar. Mein Mann Matthias fährt gerne „zügig", wie er sagt. Ich nicht so.

„Hallo wach bitte! Gleich schreibst du einen Test!"

Dafür ernte ich nur einen mitleidigen Blick: „Ach, Mama. Woher willst *du* das denn wissen? *Ich* gehe schließlich zur Schule."

Ja, und ich weiß, dass am Gymnasium nach jedem abgeschlossenen Kapitel ein unangesagter Test geschrieben wird … Nein, ich rege mich nicht auf. Ich bleibe cool. Und konzentriere mich auf die Straße. Ich bete wie jeden Morgen, dass die Rehe, die nachts manchmal mitten auf dem Weg stehen und einen anglotzen, nicht irgendwann morgens dort auftauchen.

Mit quietschenden Reifen halte ich vor der Schule, der Junior sprintet los, ist plötzlich hellwach. Das Morgenwunder! Jeden Tag. Sogar ein Lächeln kriege ich noch, manchmal auch ein Bussi, wenn ihn doch das schlechte Gewissen plagt. Puh, ich bin fertig.

Gaaaanz langsam fahre ich nach Hause, spüre, wie das Adrenalin langsam aus meinem Körper weicht, und trinke daheim erst einmal eine riesengroße Tasse Ingwertee, um die toxischen Morgenemotionen aus dem Körper zu spülen. Herrlich. Ruhe zu Hause. Jetzt gemütlich Zeitung lesen und danach ohne Stress ins Büro fahren.

Das war mein Morgenritual über Jahre. Fragen Sie mal eine Mutter, ob sie zu niedrigen Blutdruck hat – Sie werden nur ein müdes Lächeln ernten. Denn der mütterliche Blutdruck kommt während der Schulzeiten zwischen halb acht und acht automatisch und ohne eigenes Zutun in Schwung.

ES IST SO WEIT

Es soll ja Leute geben, die lieben Herausforderungen. Acht Jahre Schulweg ins Gymnasium ohne Crash und Zuspätkommen war meine ganz persönliche Dauerchallenge. Wie mein Sohn sein Leben einmal ohne das mütterliche Martinshorn in den Griff bekommen will, ist mir ein Rätsel.

Doch das muss er jetzt. Es ist Schluss mit Schule. Schluss mit morgendlichen Fragen nach Heften, Büchern, Turnbeutel, Pausenbrot, Lernstand, blöden Lehrern und ungerechten Noten. Nicholas ist noch keine achtzehn und hat vor einigen Wochen das Abitur geschafft.

Was habe ich gelitten, als in der heißen Abi-Phase die Panik so von ihm Besitz ergriffen hatte, dass er tagelang ungeduscht mit in die Höhe stehenden Haaren und in Jogginghose am Esszimmertisch saß und verzweifelt versuchte, diese verdammten Matheformeln kurz vor Schluss doch noch zu verstehen! Mein Kind, das sich ungefähr fünfmal am Tag duscht, so angstzerfressen zu sehen, dass es auf ausgiebige Körperpflege und Styling einmal keinen Bock hat, hat mich den Tag, an dem der ganze Mist endlich vorbei ist, wirklich herbeisehnen lassen.

Und da wären wir jetzt. Heute ist es so weit. Die Abiturzeugnisse werden feierlich in Anwesenheit des Landrats überreicht. Um zehn Uhr. *Wir sollten vielleicht pünktlich in der Schule sein*, denke ich so, als ein Schrei von oben erschallt.

„*Mamaaaa*, wo sind meine Haferlschuhe und das Trachtenhemd? Und hast du die Weste abgeholt? Wir gehen doch dieses Jahr alle in Tracht zur Zeugnisausgabe."

Als ob ich das nicht wüsste. Und natürlich ist alles da. Fein säuberlich in seinem Schrank.

Zu meiner Abifeier hatte ich ein schickes schwarzes Kleid an und die meisten Jungs trugen Anzüge. Ein einziger Mitschüler kam in Lederhose, der ist heute Oberförster im Berchtesgadener Land und war immer sehr bajuwarisch-traditionell gekleidet. Wir anderen fanden das spießig und wären nie im Dirndl an unserem letzten Schultag erschienen, aber heutzutage ist Tracht in und um München total angesagt – nicht nur zu Oktoberfestzeiten. Also wird mein Sohn sein Abizeugnis in Lederhose entgegennehmen, falls er es jemals schafft, sich überhaupt anzuziehen.

Wie soll das nur werden, wenn Nicholas sich mal allein fertig machen muss? Meine Schwester Moni kommt, die mich als Working Mom die ganze Schulzeit über unterstützt hat. Zusammen warten wir in der Küche darauf, dass der Herr Sohn sich fertig gestylt hat. Wir sind bester Laune, geradezu euphorisch und klopfen uns praktisch unentwegt gegenseitig auf die Schultern, weil das Kapitel Schule endlich abgeschlossen ist. Jetzt ist er da, der Moment, auf den wir so lange gewartet haben. Nur ein winziges Ziehen in der Herzgegend scheint zur puren Freude nicht zu passen …

Aber dieses Gefühl schiebe ich schnell weg und strahle meinen Sohn an, der perfekt gestylt und nach seinem neuen Männerparfum duftend die Treppe herabpolterte. Die Augen glänzen, aber nach außen gibt er sich gelassen. Dann wollen wir mal.

Natürlich habe ich mir heute freigenommen, denn um nichts in der Welt möchte ich den Moment verpassen, auf den die Kinder zwölf lange Jahre hingearbeitet haben. Die Aula unserer Schule ist zu klein, deshalb findet die Zeugnisausgabe in der neuen Turnhalle statt. Das ginge sicher auch stimmungsvoller, aber was soll's? Wichtig ist in diesem Moment etwas anderes.

Tatsächlich sind alle Jugendlichen in Tracht gekommen. Hundertzehn Abiturienten auf dem Sprung in die Freiheit. Nicholas grinst von einem Ohr zum anderen. Wie übrigens schon den ganzen Vormittag. Er sitzt vorne bei seinen Freunden. Als die Chorleiterin die Abiturienten auffordert, ein letztes Mal zusammen zu singen, ist mein Sohn nicht so ganz bei der Sache. Aber das „Felicitá" und „Viva, Viva" kriegt er irgendwie hin. Ich grinse meine Schwester Moni an, die neben mir sitzt. „Na, das hat er jetzt auch noch geschafft."

Ein Spaziergang so eine Abiturfeier für eine stolze Mutter. Doch das komische Gefühl von heute Morgen ist nur scheinbar verschwunden.

Zwischen meinen Schulterblättern spüre ich noch immer dieses seltsame Kribbeln. Ich atme tief durch. Für so etwas ist jetzt wirklich nicht der richtige Zeitpunkt. In diesem Moment kündigt die Schulleiterin nämlich Sophie an, die beste Sängerin des Jahrgangs. Sie kann nicht nur singen, Gitarre spielt sie auch.

Sophie stimmt ein französisches Lied an, bei dem ich nur „Adieu" und „Liberté" verstehe. Das Wort „Maman" kommt auch vor. Mehrfach, in einem herzzerreißend traurigen Tonfall. Das reicht. Für mich gibt es kein Halten mehr. Ich heule Rotz und Wasser. Ohne Unterlass. Unterbrochen von nur halb unterdrückten Schluchzern. Warum hören diese Tränen nicht auf zu fließen? Ist ja wohl oberpeinlich.

Meine Schwester macht es auch nicht besser. Sie blickt immer wieder zu mir rüber, steckt mir ein Taschentuch nach dem anderen zu und fragt alle zehn Sekunden: „Geht's?"

Nein, verdammt, es geht nicht. Welche emotionalen Wellen überrollen mich da eigentlich gerade? Eine Mischung aus Stolz, Wehmut und totalem Verlust, gestehe ich mir selbst ein.

Jetzt komm, reiß dich mal zusammen, sage ich zu mir selbst. Ist ja wohl total übertrieben dieses Rumgeheule. Du hast doch seit zwölf Jahren darauf gewartet, dass dieser Schulalbtraum endlich vorbei ist. Dein Kind freut sich wie Bolle und du machst hier auf Heulsuse.

Ich schnäuze mich ein letztes Mal in das völlig aufgeweichte Tempo und schaue nach vorn. Hoffentlich sieht Nicholas nicht, dass ich gerade völlig die Fassung verloren habe.

Gerade noch rechtzeitig habe ich mich wieder im Griff und sprinte – ganz Journalistin – nach vorne, das Handy im Anschlag. Das ist er, der Moment. Mein Sohn bekommt in wenigen Augenblicken sein Abiturzeugnis von Direktor und Landrat überreicht.

Neben ihm stehen sein bester Freund Jakob und noch einige andere Mitschüler, unter anderem der Jahrgangsbeste Mathieu. Der durfte sich aussuchen, ob er vom Landrat lieber die Auszeichnung für Chemie oder Mathe haben wollte. Konnte meinem Sohn nicht passieren mit seinem Zweierabi. Doch in diesem Augenblick geht es nicht um die bessere Note, sondern um Werte wie Freundschaft, Solidarität, gemeinsame Freude und deshalb strahlt die ganze Gruppe um Nicholas wie ein einziger riesiger Pfannkuchen. Alle bekommen eine langstielige Rose überreicht und dann den Persilschein in die große Freiheit.

Nein, ich bin überhaupt nicht peinlich, als mein Handy diesen Moment ratternd für die Ewigkeit festhält. Ich kriege ein glückliches, stolzes Lächeln von meinem Sohn geschenkt. Und war da nicht auch so ein kleiner triumphierender Blick von ihm in die Runde? So nach dem Motto: Meine Mutter ist vielleicht manchmal anstrengend und auch oft unterwegs, *aber in solchen wichtigen Augenblicken ist auf sie Verlass! Denn wie immer fotografiert sie alles.*

Ha!

Strahlend gehe ich zurück zu meinem Platz und applaudiere begeistert, als der letzte Abiturient von der ganzen Halle stehende Ovationen bekommt. Patrick ist schon zwanzig, Typ Fitnesstrainer mit längeren, gewellten Haaren. Er hat das Abi im allerletzten Anlauf und mit 3,7 geschafft. Die Direktorin feiert ihn, als hätte er den Preis des Landrats bekommen.

„Über diesen Abiturienten freue ich mich ganz besonders, denn er ist ein richtig cooler Typ", sagt sie.

Genau deswegen mochte ich diese Schule so gern.

Patrick ist übrigens fast zwei Meter groß, nimmt den Oberstudiendirektor rechts und die Direktorin links hoch und lässt sich feiern wie ein Krieger des Olymps. Inzwischen steht die ganze Halle Kopf, überall Gejohle und Gelache. Das war's. Adieu, Schulstress.

ZUM ABSCHIED LEISE DANKE

Ich atme einmal tief durch.

„Wartest du mal schnell?", sage ich zu Moni. „Ich muss mich unbedingt noch bei der Direktorin bedanken." Vier Jahre zuvor hatte es nämlich nicht nach einem Happy End für Nicholas und die Schule ausgesehen.

Ganz und gar nicht. Wie ein Häuflein Elend saß er damals mit mir im Büro von Frau Dr. Fischer, der Direktorin seines heutigen Gymnasiums – damals besuchte er noch eine andere Schule, wo ihn Notendruck, Mobbing und die falsche Fremdsprache lust- und mutlos hatten werden lassen. Der ganze kleine vollpubertäre Mensch war vor meinen Augen zusammengekrümmt zu einem einzigen Fragezeichen, von Selbstvertrauen keine Spur. Doch Frau Dr. Fischer sah irgendetwas in ihm, vielleicht eine winzige Möglichkeit, dass man den Kerl doch noch durchbringen konnte durch das bayerische G8 und dass er nicht einfach nur völlig überfordert war, wie es ihn die andere Schule glauben ließ.

Er könne doch Französisch abwählen und es bei ihnen mit Spanisch versuchen, bot sie an.

Unter seinem langen Pony – ja, den trug er damals – wagte Nicholas ein vorsichtiges „Ja, vielleicht".

Und damit war es besprochen.

Die neue Schule war nicht leichter, eher im Gegenteil. Kein privates Gymnasium, sondern wieder eine staatliche Schule. Dafür aber wurde die Work-Life-Balance beachtet, wie man im Berufsleben sagen würde. Mobbing hatte hier keine Chance, denn die Schule kümmerte sich intensiv um solche Themen. Zusammenhalt, Herzlichkeit und Humor waren genauso wichtig wie Belastbarkeit und Leistungswille.

Ratzfatz hatte mein Sohn neue Freunde gefunden, die noch heute seine allerbesten sind. Genau deswegen will ich mich bei Frau Dr. Fischer bedanken, die meinem Kind eine zweite Chance gegeben hat.

Da stehe ich also in der Turnhalle und kriege noch raus: „Ich wollte … huhu." Hilfe, waren das Schluchzer? „Sie haben …" Oh mein Gott. Nur weg von hier.

Frau Dr. Fischer greift meine Hand. „Alles gut. Passt schon."

Nein! Es passt nicht. Hallo? Ich bin Journalistin! Ich bin souverän, selbstsicher, eloquent. Ich bin eine Frau, die Job und Familie immer gewuppt hat, die die härtesten Interviewpartner bezirzt und in Redaktionskonferenzen Themen durchgeboxt hat. Und jetzt? Bin ich das?

Nein, gerade bin ich nur Mutter. Eine gefühlsduselige, von der Situation völlig überforderte Mutter.

Ich flüchte zu meiner Schwester, krächze: „Geht nicht." Dann fliehen wir aus der Turnhalle zeitgleich mit dem Schulgong, der zum Abschied noch einmal für uns ertönt.

In mir drin ist es dagegen ganz still. Seltsam leer, nachdem all diese Tränen aus mir herausgeflossen sind. Ich spüre Freude, das schon, aber eben auch noch ein anderes Gefühl, das ich noch nicht ganz deuten kann. Mit Freunden und anderen Eltern gehen wir in einen Biergarten zum Mittagessen. Die Kinder lachen und strahlen, wir Eltern auch. Fotos für die Ewigkeit von diesen jungen Menschen in Dirndl und Lederhose unter einem fast schon kitschigen weiß-blauen Himmel. Kurz schaue ich zu Mathieus Mama rüber. Glitzert da eine Träne in ihrem Augenwinkel, die sie schnell wegblinzelt? Oje, wir Weichkeksmütter! Da kommt noch was auf uns zu …

Zu meiner Ehrenrettung kann ich noch anmerken, dass ich ein Jahr später doch Gelegenheit hatte, mich ordentlich von Frau Dr. Fischer zu verabschieden: Da griff nämlich nach der feierlichen Verleihung des Bayerischen Fernsehpreises im herrlichen Gartensaal des Münchner Prinzregententheaters plötzlich eine Hand nach mir. Zwei Frauen im Abendkleid, von mir kam nur ein fragender Blick.

„Erinnern Sie sich noch? Ich war die Lehrerin Ihres Sohnes. Wie geht es ihm denn jetzt?"

Frau Dr. Fischer!

Endlich konnte ich mich ganz ohne Schluchzer und Stottern in blumigen Worten bei der Frau bedanken, die meinem Sohn völlig uneigennützig eine riesige zweite Chance gegeben hatte. Blumen hatte ich nach meiner missglückten Dankesrede bei der Abifeier natürlich gleich am nächsten Tag in der Schule abgegeben. Ich wollte ja nicht als schlimmste Heulsuse ever im Gedächtnis bleiben.

Barbara | Miami

Paradies

Ich stehe auf meiner Terrasse mit einem Becher Tee in der Hand und schaue über die Bucht auf die Skyline von Miami Beach. Das mache ich jeden Morgen, denn in Miami ist die Morgenröte nicht etwa ein sanftes Leuchten und Glühen, sondern der Himmel explodiert geradezu in den unglaublichsten Farben. Da ist Rosa, Orange, Lila, Blau in allen Schattierungen.

Als mich die aus dem Meer auftauchende Sonne auch heute mit diesem Schauspiel in ihren Bann zieht, wird mir mal wieder bewusst, an was für einem herrlichen Ort ich leben darf.

Wir wohnen gegenüber von Miami Beach auf einer der vorgelagerten Inseln, die durch Brücken miteinander verbunden sind. Ich trete aus der Haustür mitten rein in die Natur.

Um mich herum Stille?

Nein. Das totale Gegenteil. Wenn in Deutschland der Frühling von Vogelgezwitscher begleitet wird, ist das ja fast schon ein Ereignis, über das alle reden. Hier unterhalten sich jeden Morgen Hunderte Vögel in voller Lautstärke und ich sehe Rotspechte, Eichelhäher und Bachstelzen in meinem alten Olivenbaum. Ein Papageienschwarm hat die große Eiche erwählt für das morgendliche Familientreffen und die zwitschern nicht, sie kreischen, schreien, rufen sich die neuesten Nachrichten direkt unter meinem Schlafzimmerfenster zu. Ich kann also getrost aufstehen, an Schlaf ist ab halb sieben sowieso nicht mehr zu denken, aber heute wäre ich auch ohne großes Vogelkonzert früh aufgewacht, denn wir feiern den Highschoolabschluss von Elias und dafür ist auch sein großer Bruder Noah aus Berlin angereist.

SO GROSS

Ich zog in dieses Haus mit einem Kind vor den Bauch geschnallt und einem Kind an der Hand. Es war nie mein Plan, alleinerziehende Mutter zu werden, aber so war es dann eben, auch meine Mutter hat uns alleine großgezogen.

Kinder geschiedener Eltern haben oft das Gefühl, dass sie etwas vermissen. Ich habe immer darauf Wert gelegt, dass meine Kinder solch ein Gefühl nicht bekommen. Als wir in dieses schöne alte Haus einzogen, schlief ich die ersten Wochen mit meinen Jungs in einem kleinen Zimmer unten im Erdgeschoss. Ich habe das geliebt – wir drei zusammengekuschelt in einem großen Bett. Ich wollte für die beiden da sein, ein kindgerechtes, fröhliches Leben für sie aufbauen. Und dann, ganz langsam, habe ich mein Leben neu sortiert, ausprobiert, was mir beruflich Spaß macht, meine Schwestern im Geiste hier gefunden und meinen Söhnen eine Heimat gegeben. Mit meinen deutschen Freundinnen facetime ich regelmäßig, wenn ich in Florida bin. Vor allem auch mit Christiane. Ihr Sohn ist genauso alt wie Elias, und obwohl von hier aus achttausend Kilometer Luftlinie zwischen uns liegen, ähneln sich die Erlebnisse mit unseren Kindern manchmal auf geradezu groteske Art und Weise. Da reichen zwei, drei Worte und die andere ist im Bilde.

Unsere Insel gehört zu Miami, was nach einer riesengroßen Stadt klingt, aber wir leben eigentlich in einem Dorf. In meiner Siedlung gibt es kein hektisches Autogehupe, hier kann man gemütlich mitten auf der Straße laufen und dabei noch seinen Kaffee schlürfen. Entschleunigung ist hier gelebter Alltag. Und Zusammenhalt. Wenn ich während Elias' Pubertät in einer Sackgasse steckte, habe ich ihn einfach die Straße runter zu meiner Freundin Jen geschickt. Sie lebte schon hier, als wie einzogen, hat zwei Jungs und einer davon ist Elias' bester Freund. Jen ist alleinerziehend wie ich, das hat uns gleich verbunden. Wenn ich also manchmal mit Elias nicht weiterwusste, habe ich zu ihm gesagt: „Rede mit Jen! Vielleicht kann sie dir besser erklären, was ich meine." Und das hat sie auch, stundenlang. Mit Engelsgeduld.

Ich bin harmoniesüchtig, würden Psychologen sagen. Ich mag diese Formulierung lieber: Bei mir muss alles im Flow sein, dann ist es gut. Auf lange Streitgespräche habe ich keine Lust, dann schaltet irgendwann mein Gehirn ab. Zack. Schalter umgelegt. Doch ein harmonisches Leben mit pubertierenden Kindern gibt es noch nicht einmal im Märchen. Und so fanden auch in meiner Welt einige Kämpfe statt.

Jetzt sind meine beiden Söhne groß, größer als ich, wenn sie neben mir stehen. Irgendwie gewöhnungsbedürftig, aber zum Glück ist das nicht über Nacht so gekommen – wobei gerade Noah sich schon groß fühlte, als er noch klein war. Meine Freundin Heather hat mir das einmal so erklärt: „Noah ist eine alte Seele. Das haben wir alle schon früh gewusst." Auf jeden Fall hat er sich schon sehr früh für Elias und mich verantwortlich gefühlt.

Miami ist an manchen Ecken durchaus eine gefährliche Stadt, und als unsere Alarmanlage einmal mitten in der Nacht losging, stürzte Noah wie ein Falke aus dem Bett und stellte sich neben mich in den Flur. Da war er gerade mal zehn Jahre alt und natürlich hätte er gegen einen Einbrecher nichts ausrichten können, aber sein Beschützerinstinkt war damals schon sehr ausgeprägt. Zum Glück kam der Sicherheitsdienst wenig später …

Als Noah vor einigen Jahren seinen Schulabschluss in der Tasche hatte, zog er nach Berlin. Dort lernte er unglaubliche Menschen kennen, die genau wie er ihre Kreativität voll ausleben und außerdem auf sich gegenseitig achten.

Die Gefühle, die Noahs Auszug damals in mir auslöste, und die Veränderung, die dies mit sich brachte, sind kaum zu beschreiben. Über zwei Jahrzehnte waren die Kinder damals schon Teil meines Lebens – und jetzt war eines davon weg. Aber der Alltag und das Leben gingen weiter. Ich organisierte weiterhin Lehrer, Tutoren, gemeinsame Unternehmungen und Termine. Ich habe mich in dieser Zeit, praktisch wie eine Henne, die ihr verbleibendes Ei unbedingt vor der großen weiten Welt beschützen will, auf Elias draufgesetzt, was er in der Pubertät teilweise völlig absurd und übertrieben fand. Und da hat er ja auch recht, weil jeder Mensch seine eigenen Erfahrungen machen muss.

Aber ich konnte nicht anders. Sechsundzwanzig Jahre lang waren meine Kinder mein Lebensinhalt. Meine Welt drehte sich nur um sie. Auch wenn ich nach Deutschland flog, um zu arbeiten – für Businesstermine oder TV-Aufzeichnungen–, wusste ich immer, was gerade anstand, wann wer zum Basketballtraining musste oder welcher Tutor bei uns zu Hause war, um sie auf die nächste Prüfung vorzubereiten. Ich habe in meiner Kindheit oftmals auch nicht verstanden, warum Hausaufgaben so wichtig sind. Wer kennt das nicht, man fragt seine Kinder, sind deine Hausaufgaben schon fertig, und mit der Blitzantwort „Ja" weiß man, dass dies fast schon eine rhetorische Frage ist.

Mein guter Freund Chris sagt: „Jungs in dem Alter wollen nur raus von zu Hause, weg von der Übermami, die ihr Leben kontrolliert. Das war bei mir genauso. So große Arme habt selbst ihr nicht, dass ihr sie für immer um eure Jungs schlingen könnt. Die müssen raus aus dem Nest, das ihr gebaut habt."

EIN LANGER WEG

Ja, kann sein, aber bitte möglichst mit Schulabschluss, denkt man so als Mutter. Braucht man den und wenn ja, wozu? Denken die Kinder zwischendrin immer wieder. Hier in Miami genauso wie woanders schießen an jeder Ecke Start-ups aus dem Boden, das wusste mein Sohn schon mit vierzehn als Argument gegen den regelmäßigen Schulbesuch anzuführen. Jeder ist kreativ, jeder kann die ultimativ geniale Businessidee haben, die ihn in einem Jahr erfolgreich und unabhängig macht. Wozu also lernen, was man später überhaupt nicht brauchen kann? Und macht der Besuch einer Universität heutzutage noch Sinn in der schönen großen Welt der Selfmademänner und -frauen?

Lange Diskussionen mit meinem Sohn und seinen Kumpels begleiteten mich in Elias' letzten Schuljahren. Wann werden wir Eltern eigentlich uncool? Irgendwann in der Pubertät kommt der Tag, an dem die Kinder plötzlich ihre eigene Sichtweise entwickeln und sich die Welt selbst erklären wollen. Manchmal sind mir in den Diskussionen wirklich die Argumente ausgegangen und ich habe einfach entschieden, was ich für richtig hielt. In solchen Fällen marschierte Elias wieder einmal die Straße runter zu Jen. Dort beschwerte er sich dann: „Mama versteht mich nicht, es ist alles so schwierig mit ihr. Sie hört mir gar nicht wirklich zu." Und ich saß zu Hause und dachte genau das Gleiche. Dabei tun wir Mütter ja nur so, als würde uns jeden Morgen die große Weisheit erleuchten und uns einflüstern, wie wir unsere Kinder zu erziehen haben. Wir kennen alle die Momente, in denen man oft einfach nur improvisiert. Und trotzdem musste ich die Richtung angeben, ich war das Familienoberhaupt, wie es so schön altmodisch heißt. Ich musste sagen, wo es langgeht.

Aber ich war auch bereit, Hilfe anzunehmen. Deswegen habe ich die Tür zu meinem Familienleben so weit aufgemacht. Ich habe immer von einer Großfamilie geträumt, mit vielen Onkeln, Tanten, Cousinen und Schwägerinnen. Und da ich die nun mal nicht vor meiner Haustür hatte, habe ich mir meine Wahlfamilie gesucht – Menschen, bei denen ich mich wohlfühle, bei denen ich ich selbst sein darf. Die meisten Singlemütter arbeiten hart, um ihren Kindern etwas zu bieten. Wie soll man das alleine schaffen? Mir ist es vollkommen egal, dass meine Freunde genau wissen, wann und warum es bei uns kracht. Denn der Vorteil ist so viel größer: Keiner von uns badet in Selbstmitleid oder fühlt sich unverstanden. Denn die anderen hören zu und springen ein.

Ja, unsere Wahlfamilie hat unser aller Leben bereichert und uns Mütter sehr entlastet. Doch mehr als das: Meine Freunde sind großartige, hilfsbereite Menschen mit gesundem Menschenverstand, die ich bewundere. Ich habe mir immer gewünscht, dass sie ein bisschen von ihrem Feenstaub auf meine Kinder versprühen. Und das haben sie.

Doch nun stehe ich hier, lasse die Schönheit des Sonnenaufgangs wirken und mache mir bewusst: Die Schule ist ein für alle Mal vorbei. Der Schulabschluss ist geschafft. Und nein, ich werde die Schule nicht vermissen, vor allem nicht diese hübschen rosa, gelben und grünen Zettelchen, die meine Kinder regelmäßig nach Hause gebracht haben, weil mal wieder eine Prüfung danebengegangen war. Oder das ständige Antreiben, wenn Elias mal wieder nicht einsah, warum man pünktlich um halb neun Uhr in der Schule sein muss. Geht nicht auch drei viertel neun oder neun?

Nein! Und dann das Weckritual: Ich kam teilweise drei bis vier Mal zum Aufwecken in die Zimmer meiner Jungs, wenn ich mit dem Fahrdienst für die Kids dran war! Nur wenn Jen die Jungs zur Schule chauffierte, war plötzlich alles anders. Wenn sie vor der Tür gehupt hat, gab es keine Ausflüchte mehr. Sie ist nicht der Typ, der lange wartet. Kommst du nicht rechtzeitig, ist sie weg. Und oh Wunder! Plötzlich war mein Sohn pünktlich fertig, denn vor seinem besten Freund wollte er sich nicht blamieren. An Jen-Tagen brauchte man ihn tatsächlich nur einmal zu wecken und gleich war der Morgen entspannter.

Noch schlimmer als die berühmten Zettel sind mir die Anrufe der Lehrer in Erinnerung. In Amerika kann so ein Anruf alles bedeuten – von „normalen" Notfällen bis hin zum Amoklauf. Auf jeden Fall bekam ich nie einen Anruf, wenn es etwas zu feiern gab.

Ich war gerade in Düsseldorf zur Besprechung für meine neue Teppichkollektion, als es mal wieder klingelte. Ich meldete mich schon mal etwas atemlos und hörte zuerst: „Keine Panik. Alles ist gut. Ihrem Kind ist nichts passiert."

Mein Herzschlag beruhigte sich etwas, aber entspannen konnte ich noch nicht. Denn das Gespräch war noch nicht zu Ende: „Sie wissen ja, wie sehr ich Sie persönlich schätze, und ich mag auch Ihren Sohn." Pause. Aber?

Ja genau, da kam es: „Aber so geht das wirklich nicht weiter. Wenn er jetzt nicht endlich anfängt zu lernen und seine Hausaufgaben zu machen, wird er die Klasse nicht schaffen. Dann kann ich nichts mehr für ihn tun."

Ich stürzte aus meinem Meeting, murmelte eine kurze Entschuldigung an die verblüffte Runde meiner Geschäftspartner und zückte das Telefon. Natürlich war der Sprössling beleidigt, weil Mama sich aus der Ferne um seine Schulprobleme kümmerte, wo er doch alles so super im Griff hatte, wie er meinte.

„Kannst du dich nicht einmal entspannen, Mama? Und nicht so einen Stress machen", bekam ich zu hören. Würde ich ja gerne, aber nicht, wenn die Lehrerin anruft.

Doch auch das: vorbei! Bei der ganzen Aufregung in den letzten Wochen vor der Graduation hatte ich mich so sehr darauf fokussiert, dass Elias seinen Abschluss schafft, dass mich die Erkenntnis hier draußen auf meinem Balkon fast ein bisschen überraschend trifft.

Doch ich habe keine Zeit, weiter meinen Gedanken nachzuhängen. Jetzt müssten meine Söhne nur vielleicht mal aufstehen, damit Elias nicht seinen eigenen Abschluss verpasst.

AUS DEM NEST IN DIE WELT

Wie schon so viele Male zuvor wecke ich meine Jungs, dann bereite ich das Frühstück zu.

„Och nee, Mama. Echt jetzt? Porridge? Heute? An meinem letzten Schultag? Das glaube ich echt nicht", beklagt sich Elias wenig später.

„Eben drum", grinse ich. „Warum soll man schöne Rituale ändern?"

Noah stupst seinen kleinen Bruder liebevoll an und sagt mit einem Augenzwinkern: „Ich liebe Mamas Porridge. Ich wünschte, jemand würde mir in Berlin jeden Morgen so einen Teller hinstellen."

Und mein Porridge ist in der Tat berühmt-berüchtigt, das gebe ich zu. Bei uns gab es morgens Porridge. An jedem Schulmorgen. Zwanzig Jahre lang, fünf Tage die Woche. Ja, vielleicht etwas einfallslos, aber effizient, weil schnell gemacht. Wasser aufkochen, Dinkelflocken rein, quellen lassen. Fertig.

Als die Kinder größer wurden, fing ich an, das Ganze mit Nüssen, Hanf, Leinsamen, Chia, Früchten, Kokosnussjoghurt oder Bienenpollen aufzupeppen. Dazu stand neben jedem Platz noch einer meiner ebenfalls berühmten (und auch berüchtigten) grünen Smoothies aus Ingwer, Spinat, Kurkuma, Holunderbeersaft oder Blaubeeren.

Ich gebe in den Mixer, was gerade da ist. Ich habe bei meinen Kindern von Anfang an auf eine gesunde Ernährung geachtet.

Mitten in meine Erinnerungen stürmt Jen in die Küche und lacht laut: „Oh, es gibt Porridge!"

Endlich sind alle fertig und auf dem Weg ins Auto. Unauffällig versuche ich, ein Paket mit einer kleinen Überraschung für Elias in den Kofferraum zu schmuggeln. Erfolglos. Elias hat mich trotzdem dabei beobachtet und ich sehe genau, wie nervös ihn das macht. Warum fällt es Kindern so schwer, ihren Müttern einfach mal zu vertrauen? Wir meinen es doch nur gut mit ihnen, sind stolz auf sie und das darf ruhig die ganze Welt erfahren.

„Wird dir schon gefallen, da bin ich sicher", strahle ich ihn also an – was seine Nervosität offensichtlich nur noch mehr steigert. Inzwischen ist er in einen langen weißen Talar geschlüpft und steht mit seinem ebenfalls weißen Hut vor uns – die traditionelle Kleidung beim Schulabschluss seiner Schule.

„Sieht cool aus", muntere ich meinen Sohn auf, der unsicher an sich herunterblickt. Im heimischen Vorgarten mutet das Gewand tatsächlich etwas seltsam an, aber eine halbe Stunde später laufen rund tausend identisch gekleidete Absolventen in die riesige Basketballarena der University of Miami ein und sitzen in langen Stuhlreihen nebeneinander. Von den oberen Rängen aus, wo die Familien platziert sind, könnte man denken, das sei ein Schwarm weißer Friedenstauben, der nur darauf wartet, endlich in die Freiheit davonfliegen zu können.

Jeder Schüler hat seine Eltern dabei. Manche auch noch die Oma, den Onkel, die Tante. Bei uns sind es meine Freundinnen Jen und Heather, welche die Tantenposition einnehmen. Die amerikanische Hymne erklingt und dann geht alles ganz schnell. Mein Sohn bekommt sein Zeugnis und als die Absolventen alle zusammen die Halle verlassen, kommt meine Stunde.

Wir halten vor unsere Gesichter lange Holzstäbe mit Papiermasken, auf die ich das Gesicht von Elias habe drucken lassen. Wir feiern ihn, das Diplom, uns selbst und vor allem die Tatsache, dass er es geschafft hat. Wir schreien seinen Namen so laut in die Welt hinaus, dass wirklich jeder zu uns schaut. Ein kleines Lächeln entlockt ihm das am Ende doch und als ich mich umdrehe, merke ich, dass wir gar nicht *so* peinlich sind. Hinter uns steht eine Frau, die das Gesicht ihres Sohnes auf eine Größe von zwei mal zwei Metern vergrößert hat und das Plakat begeistert in die Höhe hält.

Dieser Tag ist nur Freude, pures Glück. Natürlich will Elias unbedingt noch eine Party zu Hause feiern.

Ich biete ihm großzügig an: „Ihr könnt sehr gerne bei uns eine Party machen. Es gibt halt nur keinen Alkohol. Man kann doch trotzdem feiern und tanzen." Doch damit kann ich nun leider keinen Blumentopf gewinnen. Also gehen wir alle gemütlich in seinem Lieblingsrestaurant essen – und am Abend verschwindet mein Sohn für eine der in Florida sehr beliebten Übernachtungspartys bei einem Kumpel.

AUSGEFLOGEN

Der Katzenjammer erwischt mich kurze Zeit später. Obwohl ich durch Noahs Auszug schon eine gewisse Übung im Loslassen haben sollte, trifft es mich diesmal ungleich härter – denn diesmal bleibt kein Kind bei mir zurück. Elias verlässt das Haus zwei Tage nach seiner Graduation in Richtung London.

Ich versuche – auch heute noch –, es nicht zu persönlich zu nehmen, dass die Kinder so schnell ausgezogen sind. Schließlich zeigt das ja auch, dass ich meine Aufgabe als Mutter gut erfüllt habe und sie voller Lust und Mut in ihr eigenes Leben starten. Aber einfach ist das nicht …

Auch ihm fällt es schwer zu gehen. Florida war ein herrlicher Ort für meine beiden Jungs. Das warme Wetter, die amerikanische Herzlichkeit, das reiche Sportangebot. Aber nach der Schule bot Miami für meine Kinder kaum Möglichkeiten, sich kreativ weiterzuentwickeln, deshalb sind sie ausgezogen, um woanders zu studieren und sich zu verwirklichen.

Es gelingt mir, meine Tränen abzuwischen und meinen Sohn mit einem Lächeln und gefühlt tausend Umarmungen zu verabschieden. Dabei rede ich mir ein, er würde nur kurz in den Urlaub fahren, so wie in den letzten Ferien. Viel mehr Gepäck hat er auch nicht dabei. Er sitzt schon im Flugzeug, als wir das letzte Mal facetimen – beide mit Tränen in den Augen.

Zu Hause überrollt mich der Schmerz wie eine große Welle. Plötzlich bin ich ganz allein. Ich gehe in Elias' Zimmer und sehe die alten Schuhe, die ihm sowieso schon längst zu klein sind, aber immer noch in der Ecke stehen. *Könnte ich ja eigentlich jetzt wegwerfen, die braucht er doch nicht mehr.* Nein, das geht noch nicht. Ich muss die noch eine Weile behalten. Genauso wie die Kiste mit den Erinnerungen an seine Kindheit.

Meine größte Aufgabe ist erledigt, auch unser Morgenritual fällt in Zukunft weg. Elias wird nicht nach den Sommerferien heimkehren. Diese Erkenntnis sickert langsam in mein Bewusstsein ein.

Heather und Jen kommen gemeinsam mit ein paar weiteren Freundinnen vorbei, denn sie ahnen, wie es mir geht. Stundenlang sitzen wir am Tisch und reden, erzählen uns lustige Geschichten von früher. Irgendwann sage ich: „So schlecht finde ich die Idee von Hotel Mama gar nicht. Sie hätten doch eigentlich auch noch ein bisschen hierbleiben können. Warum sagt einem das keiner, dass die irgendwann einfach ausziehen und einen allein zu Hause zurücklassen?"

Doch da hält Sam dagegen, meine lebenslustige, welterfahrene, schlaue und herzliche Nachbarin: „Das ist doch Blödsinn! So ist eben der Lauf des Lebens. Die Kinder werden größer und müssen raus in die Welt. Wir alle werden älter und dann müssen wir uns immer wieder neuen Herausforderungen stellen."

Sie hat ja recht. Wäre es nicht eine schreckliche Vorstellung, wenn die Kinder nicht irgendwann ausziehen würden? Bärtige Vierzigjährige, die sich immer noch von Mama die Wäsche bügeln oder das Frühstück richten lassen? Nein. Ich entlasse meine Kinder mit einem Lächeln in ihre neue Lebensphase und ich werde es schaffen, einen neuen Weg finden, der mich glücklich macht.

Kein Mensch verlangt jetzt mehr von mir, dass ich um sechs Uhr aufstehe. Ich schlafe ab heute aus und mache dann meinen Sport oder ich gehe erst einmal mit dem Hund Gassi. Goodbye Morgenhektik, hello Entspannung! Dabei fällt mein Blick auf die wunderschöne Geige, die seit Jahren ungenutzt in der Ecke steht, und die Erkenntnis löst in mir regelrechte Glücksgefühle aus: Ich werde mir einen Lehrer suchen und endlich wieder spielen. Ich habe ja jetzt so viel Zeit für mich. Das wird ganz wunderbar!

So weit die Theorie. Am nächsten Morgen mache ich wie immer einen riesigen grünen Smoothie und verteile ihn auf drei Gläser. Mist. Wer trinkt den denn jetzt? Jetzt muss ich das alles wegschütten. *Ach Quatsch, ich friere den jetzt mal ein*, beruhige ich mich selbst.

Jen kommt und lacht sich schlapp. „Na, jetzt musst du dich wohl umstellen, Barbara. Du darfst jetzt allein frühstücken." Ich darf? Auch eine interessante Sicht der Dinge. Und in der Tat bringt so ein vermeintlich „einsames" Frühstück seine Vorteile mit sich. Ich kann in Ruhe Zeitung lesen, neue Pläne schmieden oder meinen eigenen Gedanken nachhängen. Ich werde achtsamer mit mir selbst umgehen, mir neue Rituale suchen, die meinen Tag erfüllen. Ich weiß, es ist noch ein langer Weg, aber ich bin bereit, diese ungewohnte Situation willkommen zu heißen.

Eines Tages ruft mich Elias an.

„Hey, Mama. Alles gut?"

Wir reden über seine Uni und die Fächer, die er dort belegt hat, aber ich merke schon, es geht um etwas anderes.

„Sag mal, wie machst du noch gleich das Porridge?", rückt er irgendwann raus. „Ich habe es jetzt fünfmal allein probiert, aber es schmeckt nie wie bei dir und ich möchte mich hier auch gerne gesund ernähren."

Yes! Ich mache heimlich das Victoryzeichen. „Ich dachte, du magst das nicht", grinse ich. „Du warst doch oft kurz davor, den Teller durch die Küche zu schleudern."

Elias atmet einmal tief durch. „Das war früher, Mama. Da war ich doch noch ein Kind!"

Ach so. Na klar.

Und dann verrate ich ihm mein absolut geheimes Porridgerezept.

Christiane | München

Er ist weg

Er liegt irgendwo an einem staubigen Straßengraben. Ich weiß es ganz genau. Wie konnte ich es nur erlauben, dass mein Kind ohne mich durch Südamerika fährt – mit einem Bus? Die sind in Brasilien doch nicht verkehrssicher. Und jetzt liegt er da. Geld weg, Handy geklaut und der teure neue Rucksack auch.

Er ruft bestimmt nach mir!

War das nicht seine Stimme?

Schweißgebadet wache ich auf und reiße das Schlafzimmerfenster auf. Ich atme tief durch und lasse die kalte Nachtluft ins Zimmer strömen, damit sich mein Herzschlag beruhigt. Mein Kind wollte sich Brasilien anschauen und Argentinien und was weiß ich noch alles – und das alles ohne familiären Rückhalt, nur mit einem Schulfreund. Das schafft er doch nicht, er war doch eben noch ein Schulkind! Und doch hat er es einfach getan, ist mit einem ganz breiten Grinsen im Gesicht nach Südamerika geflogen.

DIESE UNFASSBARE LIEBE

Zwanzig Jahre lang war ich seine erste Ansprechpartnerin, obwohl ich nach drei Monaten Babypause gleich wieder zurück in den Job bin. Ohne meine Schwester Moni wäre das nicht gegangen. Barbara hatte ihre Sisterhood aus Freundinnen, ich hatte meine echte Sister Moni.

Ganz die stolze Tante, hat sie Nicholas schon an seinem ersten Tag auf dieser Welt in den Armen gehalten, ihn mir am Anfang zum Stillen in die Redaktion gebracht und geduldig mit ihm auf Spielplätzen rumgesessen – für mich die absolute Albtraumbeschäftigung. Als er größer wurde, gingen wir beide zusammen ins Büro – ich in die Redaktion und er in die Burda-Bande, unseren Betriebskindergarten. Nachmittags holte Moni den Kleinen dann ab, wenn es bei mir mal wieder länger dauerte.

Nein, gar kein Problem, das noch schnell fertig zu schreiben – wirklich. „Mein Kind ist versorgt." Das war mein Mantra über viele Jahre und ist es wohl für die meisten arbeitenden Mütter. Wollen Chefs das wirklich wissen, wie wir das hinkriegen? Die meisten nicht. Die wollen nur, dass die Mütter funktionieren und ihre Kinder irgendwie wegorganisiert sind. Zum Glück hatte ich Moni. Mehr Glück kann man eigentlich nicht haben als so eine Schwester. Ich weiß nicht, wie ich in meinem Vollzeitjob samt Wochenenddienst und Abendschichten anders hätte überleben können, denn komischerweise kam meinem Mann in solchen Situationen oft ein wichtiger Termin dazwischen. Die meisten arbeitenden Mütter sind perfekte Organisatoren, aber allein können wir es nicht schaffen. Da ging es mir wie Barbara, die ihren Freundinnenkokon in Miami um ihre Kinder und sich gewebt hatte.

Als Nicholas klein war, hörte ich schon manchmal von meinem Sohn: „Also die Mama von Luis ist immer zu Hause. Warum bist du eigentlich nicht immer hier?"

Ja, warum nicht? Weil ich meinen Job liebe und eine unzufriedene, weil unterbeschäftigte Mama auf Dauer keine glückliche Mama ist.

Das hat er schon ziemlich früh kapiert und ehrlich gesagt habe ich meinen Sohn und seine Kumpels auch gnadenlos damit eingelullt, dass ich regelmäßig Premierenkarten für die neuesten coolen Filme besorgt habe. Da war ich dann Supermom, auf die mein Sohn sichtlich stolz war. Man muss eben mit allen Tricks arbeiten!

Schon in der Grundschulzeit hatten Nicholas und ich zudem wegen meines Jobs ein Ritual entwickelt, das wir bis zum Abitur beibehalten haben. Wenn er mittags nach Hause kam, rief er als Erstes mich an – noch vor dem Mittagessen. Dann wurde besprochen, wie der Tag so gelaufen war, welcher Lehrer blöd und welche Note noch blöder war. Und was er noch vorhatte, bis ich nach Hause käme. Vielleicht funktioniert unsere Long-Distanz-Kommunikation deshalb heute so gut …

Wobei, jetzt, da ich so schweißgebadet am Fenster stehe, wüsste ich doch schon gern ein bisschen genauer, was mein Sohn gerade tut – oder welche schrägen Typen er möglicherweise gerade kennengelernt hat, denen er vielleicht blind vertraut.

Nur nicht darüber nachdenken …

Aber wie Barbara war und bin ich eben eine gnadenlose Mama Kontrolletti. *Mama is watching you* – vor allem, was die Schule anging. Spätestens in der Pubertät war mein Sohn sogar froh darüber, dass ich nicht schon mittags zu Hause war: „Nein, Mama, bestimmt. Ich zocke nicht, ich muss ja noch so viel machen bis morgen."

Wir Mütter vertrauen ja unseren Kindern, aber bitte nicht in der Pubertät! Da habe ich ständig kontrolliert, ob wirklich alle Hausaufgaben erledigt waren und die Xbox oder Playstation nicht stattdessen in Dauerbetrieb war – so weit man das als Vollzeit arbeitende Mutter eben kontrollieren kann, indem man ganz überraschend einmal früher nach Hause kommt.

Es gab Wochen, in denen viele Klausuren anstanden und in denen ich schlicht diese ganzen tollen Zockergeräte abgebaut und ins Büro geschleppt habe. Während mein Sohn in der Schule war. Ja, die anschließenden Hassanfälle muss man aushalten können als Mutter. Doch in der Abiturphase habe ich dann tatsächlich von meinem Sohn nicht nur einmal den Spruch gehört. „Kein Wunder, dass der die ganzen Klausuren versaut. Der zockt doch die ganze Zeit!"

Yeah!

Bei ganz wichtigen Problemfällen wartete Nicholas übrigens immer bis zum Abend, um mir alles in Ruhe zu erzählen. Ich war da bei Krankheiten, Schulstress, Playdates oder dem ersten Liebeskummer. Ich war diejenige, die nach den Fußball- oder Basketballspielen an den Wochenenden die Trikots gewaschen und alle verdreckten Kinder bis vor die Haustür gefahren hat. Ich wollte sicher sein, dass alle gut heimkommen und zuvor auch kein Spiel verpassen, keine Emotion bei Sieg oder Niederlage.

Mein Mann war zwar auch immer irgendwie präsent, aber er hat das Ganze sozusagen aus der sicheren Distanz heraus betrachtet. So nach dem Motto: Wenn ich nichts sage, mache ich auch nichts falsch. Vor allem in Sachen Schule war mir das auch bedeutend lieber, wenn er nicht mit den eigenen schlechten Noten vor dem Sohn prahlte oder davon erzählte, dass die ganze Oberstufe in seinem Nürnberger Gymnasium damals quasi ständig bekifft gewesen war. Nein, klar, er ja nur manchmal …

Da kriegt man als besorgte Mutter, die einfach nur das Kind wohlbehalten durchs Abi bringen will, durchaus mal Bluthochdruck.

Dabei waren der Notendruck und der Kampf gegen die Zockerei nicht die einzige Herausforderung, die wir zu bewältigen hatten. Es gab so viele Nächte, in denen ich kein Auge zugetan habe. Weil Nicholas krank war oder ich mir irgendwie Sorgen um ihn machte. Später, weil ich so lange wartete, bis endlich der erlösende Anruf kam, dass man ihn jetzt bitte von der Party abholen könne.

Ich habe meinen Sohn weinen, lachen und später auch sehr gut gelaunt bei seinem ersten Schwips gesehen. Ich war mit ihm beim Arzt, wenn er Fieber hatte und auch als er sich beim Fußballturnier das Handgelenk anbrach und beim Trampolinspringen den Fuß verletzte. Ich war an seiner Seite, als das Leben in der alten Schule schwieriger wurde, weil alle anderen cooler, intelligenter, beliebter waren – bis er in seiner neuen Schule dann seine Hood um sich versammelt, seine besten Freunde gefunden hatte.

Mal war ich die tollste, dann wieder die blödeste Mutter der Welt und klar hat es auch mal gekracht – meist wegen fehlender Lernbereitschaft, wenn er mal wieder den ganzen Nachmittag vertrödelt hatte, obwohl am nächsten Tag eine wichtige Prüfung anstand. Das hat mich so unglaublich genervt, weil ich nicht verstehen konnte, warum man sehenden Auges in eine Katastrophe segeln möchte. Aber was nützt den Kindern unser Wissen? Sie müssen ihre eigenen Erfahrungen machen und irgendwann hat Nicholas von allein gelernt, weil es ihm wichtig war, die Klasse mit anständigen Noten zu bestehen.

Einen ausgeprägten Sinn für Faulheit pflegte er allerdings weiterhin, was seine Mitarbeit im Haushalt betraf. „Och echt, den Müll raustragen? Muss das sein?" Und Staubsaugen oder die Geschirrspülmaschine einräumen? Ist das nicht Frauenarbeit? Nein, zum Henker! Ich höre ja immer wieder von Söhnen, die freiwillig mithelfen. Ich hatte kein so ein Exemplar daheim. Ja, selbst schuld wahrscheinlich. Zum Glück mag es Nicholas daheim gern relativ ordentlich, sodass ich mütterliche Verweigerungstaktik anwandte: Schulterzucken, Schweigen und den Staubsauger mitten im Zimmer stehen lassen. Irgendwann hat er aufgegeben, selbst geputzt – und wir haben uns angegrinst, denn es ging ja immer nur um Kleinigkeiten. Trotzdem waren das die ersten notwendigen Ablösungsprozesse in Richtung Eigenständigkeit. Zum Glück verband uns immer eine riesige Komplizenschaft und der gleiche Humor, das hat echt in fast allen Situationen geholfen. Zudem war die Liebe immer da, diese unfassbare Liebe zwischen Mutter und Kind, die über allem steht.

Und jetzt?

Jetzt habe ich keine Ahnung, wie es ihm geht, und das ist neu für mich und tut verdammt weh.

SO SCHWER, LOSZULASSEN

Ich stehe immer noch am Schlafzimmerfenster und langsam wird es selbst mir zu kalt, die ich am liebsten bei bayerischen Tiefkühltemperaturen schlafe.

Das ist doch alles ein totaler Mist.

Allmählich sickert die Realität in mein Bewusstsein – und die Erkenntnis schmerzt wie beim allerersten Mal, dabei habe ich doch schon einige Tränen darüber vergossen: Mein Sohn hat Abitur, ist gerade achtzehn Jahre alt geworden und kann selbst entscheiden, was er jetzt macht mit seinem Leben.

Ja schon, aber *so schnell*? Und *so weit* weg? Musste das sein, so von jetzt auf gleich? Warum werden Kinder so schnell erwachsen und unabhängig und gehen ihren Weg?

An allem ist sowieso mein Mann schuld, schießt es mir durch den Kopf. Der stand damals am Taufbecken und hat gesagt: „Ich wünsche dir viele Reisen. Reisen bildet und erweitert den Horizont." Bei mir setzte in diesem Augenblick unmittelbar Schnappatmung ein. Ich habe meinen

Mann praktisch vom Taufbecken weggeschubst und schnell hinzugefügt: „Ich wünsche dir, dass du geliebt wirst und Liebe geben kannst. Amen."

Meine Mutter und meine Schwester haben dazu bestätigend mit dem Kopf genickt. Da waren wir Frauen uns einig. Wer will schon einen bindungsunfähigen Weltenbummler heranziehen? Die Frauen in meiner Familie jedenfalls nicht.

Wie es in Sachen Liebe bei meinem Sohn aussieht, kann ich nicht sagen. Das erzählen Jungs doch nicht ihren Müttern! Also mein Sohn jedenfalls nicht. Auch wenn vor seiner Abreise eine extrem hübsche junge Dame im Minirock bei uns in der Küche stand, die dann bei uns übernachtet hat. Mein Sohn hat mich direkt etwas mitleidig angesehen, als ich gefragt habe: „Soll ich noch eine Matratze hoch in dein Zimmer bringen?"

„Nö, passt schon, Mama."

Ich habe fluchtartig die Küche verlassen, als ich das Grinsen in ihren Gesichtern sah. Wie peinlich kann man sein als Mutter?

Über den Beziehungsstatus meines Sohnes kann ich also keine Auskunft geben. Und auf Facebook nachschauen geht ja heute auch nicht mehr. Bei der Tochter unserer Nachbarn konnte man dort immer nachlesen, ob es den Freund noch gibt oder eben nicht. Aber bei Snapchat, wo die Kids heute ständig Fotos und Videos posten, hat Nicholas mich gesperrt. „Sorry, Mom. Ich brauche auch etwas Privacy."

Vielleicht erzählt mir Nicholas irgendwann mal was, wenn es etwas Ernstes ist, aber jetzt sowieso nicht, weil er eben auf der anderen Seite der Welt ist und ausgeraubt im Straßengraben liegt. Da bin ich mir ganz sicher. Wenn ich ihm nur ganz schnell eine Nachricht bei WhatsApp schreibe, könnte ich sehen, ob alles gut ist. Lässt mich das wie eine Glucke wirken?

Leise tapse ich ins Wohnzimmer und tippe: „Hey, alles gut bei euch?"

Keine zehn Sekunden später kommt ein Foto. Das Kind liegt an einem unglaublich schönen weißen Sandstrand, vor ihm das Meer, seine braun gebrannten Beine winken mir praktisch zu: „Es ist megacool hier!" Und dann folgt gleich noch eine Nachricht: „Und billig. Jeden Abend Asado mit Mojito-Flatrate für acht Euro. Saugeil."

Ich atme durch, ein Glücksgefühl durchströmt mich. Was kann es Schöneres geben als ein Kind, das die Welt erobert und dabei noch Spaß hat? Mein Mann hatte ja recht. Jede Reise in ferne Länder erweitert den Horizont, macht den Kopf frei für die Ansichten und Probleme anderer. Man bildet sich sozusagen nebenbei. Es geht ihm gut, er genießt sein Leben.

Ich schleiche wieder ins Bett, kuschle mich im eiskalten Zimmer in meine dicke Bettdecke, und kurz bevor ich wieder einschlafe, denke ich noch: *Ich würde zu gerne genau wissen, wo dieser Strand ist.*

Am nächsten Morgen schaue ich mir an, wo dieser brasilianische Traumstrand ist, an dem mein Sohn gerade mit seinem Kumpel in der Sonne liegt. Und wie hieß noch mal diese heruntergekommene Jugendherberge, in der jeder ein Stockbett in einem Sechs-Mann-Zimmer hat? Zum Glück kann man über Google Earth ganz dicht ranzoomen an jede Location weltweit und das mache ich noch vor dem Frühstück. Ich wüsste nicht, wie ich das sonst überleben würde.

Hm. Hübsch, das Dorf. Da wäre ich jetzt auch gerne, aber mich hat die nebelige Novemberrealität fest im Griff. Um diese Jahreszeit habe ich so viel zu tun, dass ich jetzt gar nicht verreisen könnte. Und momentan lenkt mich der Job auch sehr gut ab. Ich schreie ganz laut: „Hier!", wenn es gilt, noch schnell einen Text für die nächste *Bunte*-Ausgabe zu schreiben. Ich habe ja jetzt Zeit.

Viel mehr Zeit als die letzten zwanzig Jahre.

Zu viel Zeit …

Aber dem Kind geht's gut, denke ich. Bis Nicholas mich anruft und mit seltsam niedergeschlagener Stimme sagt: „Hallo, Mama."

Was ist los? Mein ganzer Körper steht plötzlich unter Strom. Ich spüre, dass was nicht okay ist, und das sage ich ihm auch.

„Ist was passiert?"

„Na ja", fängt er an. „Wir waren in so einer Bar und sind dann zu Fuß nach Hause gelaufen. War vielleicht nicht so schlau."

Hilfe! Adrenalin flasht mein Hirn, mein Herz, einfach alles. Jetzt sag schon endlich! Ich atme tief ein und aus. Er lebt ja noch. Sonst könnte er nicht anrufen.

„Also wir sind so die Straße langgegangen und zwei Motorräder von der Polizei waren mal vor und mal hinter uns und dann haben sie uns angehalten und gesagt, wir hätten bestimmt Drogen genommen."

Drogen? Ich muss es fragen: „Sag mir bitte, dass ihr nicht gekifft habt! Oder wenigstens, dass ihr nichts mehr dabeihattet." Man wird als Mutter ja pragmatisch, wenn der Nachwuchs in so einem riesigen Mist steckt.

„Nein, Mama. Du weißt doch, dass ich nicht kiffe, ich rauche ja noch nicht mal Zigaretten. Aber die Polizisten haben uns nicht geglaubt und wir mussten uns mitten auf der Straße bis auf die Unterhose ausziehen. Das war so was von peinlich. Außerdem hatten wir mega Angst, denn die Bullen haben die ganze Zeit mit den Handschellen vor uns rumgefuchtelt und trugen auch Pistolen. Das war absolut nicht witzig. Aber sie konnten nichts finden und dann haben sie gesagt, wir sollen mit ihnen zum nächsten Geldautomaten."

Häh? Ich verstehe nur Bahnhof. Warum will die Polizei mit den Jungs zum Geldautomaten?

„Die haben uns voll abgezogen, Mama. Wir mussten pro Nase vierzig Euro zahlen und dann durften wir endlich nach Hause. Wir haben überlegt wegzurennen, haben uns aber nicht getraut wegen der Knarren, die die dabeihatten."

Korrupte Polizisten? Das ist mal ein Szenario, das ich so nicht auf dem Schirm hatte in meinem kreuzbraven Bayern. Ich atme tief aus. Vierzig Euro. Voll egal. Hauptsache, er sitzt nicht wegen Drogen in einem südamerikanischen Knast, aus dem ich ihn dann vielleicht rauskaufen muss.

Ein bisschen geschockt ist Nicholas schon von der Geschichte, das merke ich ihm über die riesige Entfernung an. Ich beruhige ihn wie früher so oft. „Ist ja nicht so schlimm. Lass dir wegen zwei Typen nicht das ganze Land versauen, bitte."

Innerlich sieht es bei mir ganz anders aus.

Ich lege auf, falle auf die Couch, hole meinen Hund ganz nah ran zum Kuscheln und versuche, nicht zu heulen. Ich habe doch gewusst, dass die Welt noch viel zu groß und zu gefährlich ist für mein Kind. Warum habe ich ihm erlaubt wegzufahren? Ist doch mir egal, dass der volljährig ist! Manno! Was spricht dagegen, dass man die Kinder für immer in Watte packt? Nach einiger Zeit beruhige ich mich etwas und denke noch einmal über die Geschichte nach. Er hat gut reagiert, ist cool geblieben, hat die Typen nicht provoziert. Alles ist gut gegangen. So ist sie eben, die große weite Welt. Nicht alle sind nett, es lauern Gefahren und die muss er jetzt ohne uns meistern.

Schnief.

Und das ist erst der Anfang, wird mir schlagartig klar! Ich hocke hier in meinem leeren Nest und versuche, meine Gefühle in den Griff zu bekommen, diese seltsame Mischung aus Stolz, wie die Jungs die Situation gemeistert haben, und totaler Panik, was alles hätte passieren können, wenn …

Stopp. Jetzt nicht durchdrehen, ermahne ich mich selbst. Wäre, hätte, könnte bringt keinen weiter und eine Mutter, die daheim auf dem Sofa sitzt, während der Sohn am anderen Ende der Welt allein seinen Mann stehen muss, schon gar nicht. Wir können unsere Kinder nicht für immer beschützen, das muss ich endlich akzeptieren. Radikale Akzeptanz sagt man dazu in der aktuellen Resilienzforschung. Wer es schafft, etwas Unabänderliches anzunehmen, seine Ohnmacht zu akzeptieren und dann loszulassen, ist nicht länger blockiert, sondern kann seine Energien auf etwas Neues richten. Klingt total logisch und einleuchtend. Theoretisch. Also warum fällt es mir in der Praxis so schwer loszulassen, wenn ich das doch eigentlich weiß? Ich muss ihn fliegen lassen. Also im übertragenen Sinn, denn das Flugticket habe ich natürlich bezahlt. Haha. Habe ich mir alles selbst eingebrockt und da muss ich jetzt durch. Wann hört es auf, dass ich mindestens zwanzig Mal am Tag überlege, was er wohl gerade macht? Mich frage, ob es ihm auch gut geht, war er zu essen bekommt – ein ganz typischer Gedanke vieler

Mütter. Na, solche Abenteuer sind jedenfalls nicht hilfreich beim Loslassen, aber ich werde daran arbeiten. Das nehme ich mir fest vor.

Am nächsten Tag meldet sich Nicholas noch einmal – diesmal über Facetime.

„Schau mal, Mama. Hier ist so ein süßer Hund und eine Katze gibt es auch und einen Papagei. Wollte ich dir nur mal schnell zeigen. Ist echt nett hier, aber du würdest nicht in den Betten schlafen, die sind schon ein bisschen ranzig." Wir plaudern eine Weile und haben beide das Gefühl, uns nahe zu sein. Ich frage ihn nicht, warum er mich angerufen hat. Sicher nicht wegen des süßen Hundes, obwohl Nicholas ein absoluter Hundefan ist. Ich weiß, dass die Nabelschnur immer elastischer wird, aber noch reicht sie rüber über den Atlantik und das ist ein wunderbares Gefühl. Glücklich beenden wir beide das Gespräch.

„Hab noch ganz viel Spaß, Schatz", sage ich gut gelaunt und meine das tatsächlich auch so. Er soll die Welt entdecken, sich amüsieren, frei sein von den Erwartungen aller, auch gefährliche Abenteuer überstehen. Einfach sein Ding machen.

Hach, ich bin doch eine coole Mama! Stolz gehe ich in die Abendkonferenz und danach rufe ich meine Freundin Tina an, die früher bei mir draußen gewohnt hat, jetzt aber in der Stadt lebt. Mit ihr verabrede ich mich auf ein Glas Wein in Schwabing. Ich muss ja nicht mehr nach Hause hetzen und mich um das Abendessen für den Junior kümmern. Wir gehen in eine nette Bar, ratschen stundenlang und ich vergesse tatsächlich die Zeit, schaue nicht mehr ständig auf die Uhr wie früher, als mein Kind sicher noch etwas mit mir besprechen musste oder auch nur etwas zu essen haben wollte.

Ich hatte ganz vergessen, wie lustig solche Mädelsabende sein können. Wann konnte ich das zuletzt so völlig ohne inneren Druck genießen? Genau. Wahrscheinlich fast genau vor achtzehn Jahren. Das sage ich Tina, wir lachen uns schlapp über uns selbst, denn auch ihr Sohn ist schon achtzehn und gerade auf dem Absprung, und darauf stoßen wir gleich noch einmal an.

Läuft bei mir, das Ablösen! Jeden Tag ein bisschen besser.

REISE INS UNBEKANNTE

Zwei Tage später läuft nichts mehr bei mir.

Es ist Wochenende und ich überlege dauernd, was „mein Kleiner" wohl so macht. Wann höre ich eigentlich auf, ihn in meinen Gedanken noch so zu nennen?

Er erlebt gerade die tollsten Sachen, sieht die schönsten Orte.

Ohne mich.

Das ist ein saublödes Gefühl, denn wir zwei waren immer das allerbeste Reiseteam. Mein Sohn und ich haben im Urlaub den gleichen Ferienrhythmus. Lange schlafen, viel ausspannen, irgendwo am Meer, bisschen Sport (also ich ein bisschen, er ein bisschen sehr viel Sport), mal Sightseeing und abends gemütlich irgendwo essen und chillen.

Seit Nicholas in der Schule war, bin ich mit ihm in den Sommerferien alleine gereist, denn mein Mann ist nicht so der Urlauber. Am Meer ist es ihm zu heiß und zu sonnig und in die berühmt-berüchtigten Ferienclubs, in die unser Sohn immer wegen der Action wollte, habe ich ihn einmal drei Tage gekriegt. Dann ist er abgereist.

„Das brauche ich echt nicht in meinem Leben. Da bin ich doch lieber im Büro", sagte er zum Abschied.

Früher bin ich mit meinem Mann aufs Geratewohl nach Italien gefahren, wir haben uns ein schnuckeliges Hotel gesucht, alles ganz easy. Aber mit Kind muss man planen und wissen, wo der Pool ist, in den es sofort nach der Ankunft springen will.

Ich habe mich umgestellt und angepasst, denn wenn mein Kind Spaß hatte im Urlaub, ging es auch mir gut und ich konnte mich entspannen. So lag ich jahrelang mit einem Buch in der Hand an irgendeinem Strand am Mittelmeer oder in der Ägäis oder am Atlantik und habe stundenlang aufs Meer geglotzt.

Herrlich! Das perfekte Urlaubsfeeling.

Außerdem schweißten uns diese zwei Wochen Ferien-Quality-Time als Mutter-Sohn-Gespann jedes Mal aufs Neue eng zusammen. Wir lernten dabei beide ganz nebenbei, den anderen das machen zu lassen, was ihm gefällt, und ihm nicht ständig mit eigenen Wünschen auf die Nerven zu gehen.

Jetzt ist mein Sohn frei in der Wahl seiner Urlaubsorte – und seiner Begleiter. Aber mit wem zum Teufel soll ich eigentlich in Zukunft in den Urlaub fahren? Ich mag immer noch am liebsten mit einem Buch in der Hand aufs Meer schauen, doch bei unserem letzten gemeinsamen Urlaub in Vietnam war mein Mann nur mit roher Gewalt aus dem Zimmer zu kriegen, solange die Sonne noch am Himmel stand.

Ein Hautarzt hat ihm geraten, zu viel Sonne zu vermeiden, weil seine Haut durch frühere Sonnenbrände bereits geschädigt ist. Strandurlaube mit Matthias kann ich in Zukunft abhaken.

Das Problem meines neuen „best travel buddy" muss ich also irgendwie lösen. Vielleicht sollte ich einfach einmal eine Freundin fragen? Dazu habe ich mich noch nicht wirklich entschlossen, aber ich denke darüber nach. Als Studentin habe ich die Welt ja auch mit meinen Mädels erobert, aber das war damals. Wir alle haben uns verändert, andere Ansprüche als früher. Ob das noch gemeinsam funktioniert? Ich rufe Karin an, mit der ich als Studentin mal zwei wilde Monate auf Ibiza verbracht habe. Wir hingen während der Semesterferien wochenlang in den dortigen Surferkneipen ab, haben die Nächte durchgetanzt. Immer bereit für den ganz großen Kick, das nächste Abenteuer. Wie lange ist das her? Ewig – doch nicht in unserer Erinnerung. Eigentlich sind wir jetzt wieder so frei wie damals. Dieses Gefühl sickert langsam immer mehr in mein Bewusstsein.

Es wäre doch witzig, dreißig Jahre später noch einmal zusammen nach Ibiza zu fahren.

„Ob die uns noch in die Clubs reinlassen?", lacht Karin.

Ach, in Clubs müssen wir doch gar nicht. Das hatten wir nun wirklich bis zum Exzess. Wir schauen nach Flügen, aber wahrscheinlich werden wir es erst im nächsten Herbst schaffen, auf die Insel zu fliegen. Karin lebt inzwischen am Tegernsee, radelt mit ihrem Mountainbike fast täglich die Berge hoch und arbeitet in einem Shop, der von Touristen lebt. Mit dem Saisongeschäft hat sie sicher erst Mitte September Zeit.

Ich habe also etwas, worauf ich mich im nächsten Jahr freuen kann, gleichzeitig möchte ich auch im heißen Sommer etwas unternehmen. Meinen Mann zieht es in die Berge, aber darauf habe ich nun gar keine Lust. Ich musste als Kind bei den Wandertagen auf jeden Berg bei uns in der Gegend rauf. Das reicht mir irgendwie immer noch …

Wie wäre es, wenn ich einmal etwas ganz anderes ausprobiere? Ich könnte ja auch endlich mal ein Yogaretreat am Meer mit meiner Berliner Freundin Anja machen. Darüber hatten wir schon oft geredet, aber ich wollte die Ferien ja immer mit meinem Sohn verbringen. *Jetzt ist alles möglich*, wird es mir klar, denn Betreuung braucht Nicholas nun wirklich nicht mehr. Anja ist begeistert und leitet mir sofort eine Seite mit den besten Yogaretreats weiter. Wir gleichen unsere Termine ab und finden schnell eine Übereinstimmung, weil ich mich ja nicht mehr nach den Schulferien richten muss.

„Das wird so toll!", ist sie begeistert bei unserem nächsten Telefonat. Jeden Morgen Yoga, dazu unterschiedliche Angebote für Meditationen, wir werden auf einer Finca mitten auf Ibiza wohnen. Das wird eine Reise zu uns selbst, auf der wir trainieren wollen, achtsamer mit uns selbst und unseren Kräften umzugehen. Ich kann es kaum erwarten, mit einer Freundin mal wieder einen Mädelstrip zu machen. Juhu! Auch wenn es bis dahin noch ein paar Monate sind, bringt der Gedanke daran meinen Bauch zum Kribbeln. Wäre doch gelacht, wenn ich nicht ohne meinen Sohn Urlaubsfreude erleben kann!

Ein paar Tage später bekomme ich auch schon aus Brasilien eine Mail von Nicholas.

„Also Mama", fängt er an. „Ist das okay, wenn ich ab Januar einen Sprachkurs in Sapporo mache? Hier ist der Link. Du weißt ja, ich wollte schon lange nach Japan und ihr fahrt ja nicht mit mir."

Japan? Geht's noch?

Ich klicke auf den Link und bin auf das Schlimmste gefasst. *Wenn das zu teuer ist, kann er sowieso nicht fahren*, beruhige ich mich selbst. Und Japan ist teuer, das weiß doch jeder. Aber Kinder kennen ihre Eltern und mein Sohn kennt mich richtig gut. Er hat einen Kurs mit Unterkunft im Studentenwohnheim für drei Monate ausgesucht, der selbst für unsere Verhältnisse bezahlbar ist. „Wer fährt denn mit dir?", schreibe ich zurück.

Seine Antwort ist typisch für meinen Sohn: „Wer außer mir will denn nach Japan? Keiner, Mama. Ich mache das allein."

Aha. Ach so. Ganz allein jetzt auch noch nach Japan. Durch Brasilien reist er wenigstens mit einem Kumpel, der gut einen Meter neunzig groß ist, ein Kerl wie ein Schrank. Das fühlte sich für mich beruhigend an. Und jetzt auf die andere Seite der Welt ganz allein?

Während ich noch versuche, die Nachricht zu verdauen, schreibt Nicholas gut gelaunt: „Ich komme kurz zu Weihnachten nach München und dann fliege ich Anfang Januar rüber nach Hokkaido."

Wohin?

„Nach Nordjapan, Mama. Die Gegend heißt Hokkaido. Saukalt da. Viel kälter als München und die Berge sind auch ganz nah. Da soll es super Snowboardpisten geben. Genialen Pulverschnee. Das muss man einfach einmal machen im Leben und nebenbei lerne ich Japanisch. Das ist doch geil. Bierbrauereien haben die auch in Sapporo. Ist also fast wie in München. Nur, dass ich da endlich jeden Tag Sushi oder Ramen essen kann."

Was soll ich da noch sagen?

Nicht viel.

Der junge Mann hat die mütterliche Leine mal ganz easy gekappt und ich muss damit klarkommen. Und es ist ja nicht so, dass er jetzt in einer Bar auf Bali abhängt. Er will Japanisch lernen. Eigentlich schon ganz schön toll. Doch es arbeitet heftig in mir. Erst Brasilien, jetzt Japan. Nicolas ist in totaler Aufbruchsstimmung und dabei, die Welt zu erkunden. Ganz klar ohne mich.

Was spüre ich da gerade in mir? Eine Mischung aus Verwunderung und Bewunderung. Dafür, mit welchem jugendlichen Elan er die Dinge anpackt. Grenzen scheint es für ihn nicht zu geben. Auch keine emotionalen. Könnte ich mir davon vielleicht eine Scheibe abschneiden? Bin ich noch zu sehr in alten Mustern gefangen? Welche Projekte könnte ich denn so angehen? Eine neue Sprache wie Nicholas will ich sicher nicht lernen, ich komme mit Englisch, Spanisch und Italienisch ganz gut um die Welt. Aber ich nehme mir vor, an meiner Fitness zu arbeiten, denn 30 Jahre vor dem Computer sind nicht gerade die beste Rückenschule …

Ich wollte schon länger Barre Fusion, ein Ganzkörper-Workout, in dem Studio ausprobieren, in dem auch Barbara immer trainiert, wenn sie hier ist. Oder den Sonntagskurs Pilates belegen, den ich nie gemacht habe, weil unser Sonntagsfrühstück immer heilig war. Plötzlich habe ich jede Menge neue Möglichkeiten für die persönliche Zeitplanung, geht mir gerade auf. So sehr, wie ich es geliebt habe, Mutter zu sein, so sehr hat mir das Muttersein auch Fesseln angelegt. Klar, ich habe mich selbst angekettet, aber gerade schnuppere ich den Duft einer neuen Freiheit und das gefällt mir immer besser.

Ich muss mal in Ruhe nachdenken, wovon ich mich in den letzten Jahren noch habe abhalten lassen. Erst einmal melde ich mich zum Pilates-Reformer-Kurs an. Und mit Yoga fange ich auch wieder an …

LEINEN LOS

Trotzdem rumort das Japanthema noch ein wenig in mir, denn diese fremde Kultur kann ich nicht wirklich einschätzen. Ich brauche Zuspruch von meiner Leidensgenossin. Also rufe ich mal wieder Barbara an, denn seitdem unsere Kinder volljährig sind, haben wir sozusagen eine Facetime-Standleitung. Ich erwarte eine Runde Mitleid, doch stattdessen höre ich ein leichtes Kichern aus der Leitung.

„Dein Sohn zeigt es dir aber richtig", lacht sie. „Erst Südamerika, jetzt Japan. Will der noch zum Nordpol irgendwann? Ist schon witzig, dass unsere Kinder gar nicht weit genug weg von uns sein wollen."

Also *so* habe ich das noch gar nicht gesehen. Nicholas kommt doch wieder, oder? Ist ja nur eine Phase, eine Art verlängerter Urlaub. Oder, wie man heute so schön sagt, ein „Gap Year" nach dem Abi.

Barbara sieht das mit ihrer Erfahrung schon etwas klarer. „Meine Kinder leben dauerhaft auf einem anderen Kontinent", sagt Barbara. „Ich konnte sie ja nicht festbinden. Die wollen das so. Da müssen wir beide durch." Aber Japan? Das ist doch ewig weit weg und so ganz anders als alles, was wir kennen. Doch was soll ich machen? Nicholas wird schon wissen, was ihn an dem Land so fasziniert, und vielleicht hat es sich dann ja auch erledigt, wenn er sich das mal gründlich angeschaut hat. Barbara bezweifelt das zwar und als gute Freundin hält sie mir schonungslos den Spiegel vor die Nase, damit ich auch ganz genau dorthin sehe, wo mein Problem ist. Jaja, ich weiß. Das Loslassen, das Fliegenlassen unserer Küken, die längst schon als stolze Jungadler davongesegelt sind. Mein Verstand hat das längst erkannt, aber mein Herz schlägt noch in einem anderen Rhythmus. Trotzdem geht es mir nach dem langen Telefonat besser. Geteilter Schmerz ist eben wirklich halber Schmerz.

Und so gebe ich am nächsten Tag mein Okay mit angezogener Handbremse. „Wenn's denn unbedingt sein muss, gehst du halt auch noch nach Japan. Du weißt aber schon, dass die Schriftzeichen sauschwer zu lernen sind. Dass du dich bloß mal nicht übernimmst! In der Schule hast du ja auch nicht *so* schnell gelernt", texte ich. Ja, ich kann eine total positive, motivierende Mutter sein, wenn es sein muss.

„In der Schule. Klar", kommt seine prompte Antwort. „Da hatte ich ja auch keinen Bock zu lernen. Das mache ich jetzt freiwillig und das wird endgeil."

„Aha" ist das Einzige, was mir darauf einfällt. Ich starre völlig perplex auf mein Handy. Mein Kind will lernen. Freiwillig. Und findet es auch noch … äh … „endgeil". Wer oder was hat in den letzten Monaten meinen Sohn gebrainwasht? Fühlt sich das so an, wenn der Nachwuchs erwachsen wird? Man sitzt und staunt und wundert sich, was auf einmal so anders ist als noch vor ein paar Monaten vor dem Abitur. Als hätte eine unbekannte Macht meinem Sohn einen Turbobooster verpasst. Er kriegt sich gar nicht mehr ein mit all seinen Plänen und seinem Mut und seinem Drauflosrennen in die Welt. Endgeil.

Stimmt schon. Irgendwie. Aber auch gewöhnungsbedürftig. Barbara ist inzwischen bei ihrer Freundin Tatjana in Berlin, mit der sie seit Kindertagen befreundet ist. Ich brauche noch einmal eine große Portion Freundinnenpower, um das alles zu verarbeiten. Also klingle ich bei ihr durch und höre sofort etwas zwischen Lachen und Schluchzen in der Leitung.

„Alles okay?", frage ich.

„Ja, du passt in unsere Runde", lacht sie und stellt mich auf laut. „Ich sitze hier mit vier anderen verlassenen Müttern bei Tee und Champagner zusammen. Ich muss dir unbedingt was vorlesen. Du wirst gleich auch heulen, sage ich dir."

Barbara | Berlin

Let's Dance

Wir sitzen in Tatjanas herrlicher Altbauwohnung mitten in Berlin und haben schon Unmengen Tee getrunken – ja, okay, auch Champagner –, als ich mein kleines schwarzes Büchlein aus der Tasche angele, das ich zurzeit immer mit mir herumtrage, um es bei Bedarf zu befüllen.

Nach jeder Trennung, in jeder schmerzvollen Phase meines Lebens gab es so ein Buch, in das meine Gedanken flossen. Ich habe schon immer mehr geschrieben als gesprochen, wenn es ans Eingemachte ging. Und kurz nach Elias' Auszug war mein Herz so schwer, dass ich unter vielen Tränen ein Gedicht verfasste. Das Schreiben half mir, meinen Schmerz zu kanalisieren, nicht darin zu ertrinken, sondern aus all dem Negativen, das mich in diesem Moment umgab und in diesem Augenblick erfüllte, etwas Positives zu schaffen.

Bei mir ist es das Schreiben, das mir hilft – ich habe Freundinnen, die darauf schwören, zu malen, zu singen oder auch zu tanzen. Aber egal, für welchen Weg man sich entscheidet: Dem Schmerz Ausdruck zu geben hilft dabei, ihn loszulassen.

DREH DICH NOCH EINMAL UM

Nachdem einige Mütter um mich herum gerade das Gleiche durchmachen, hat es in letzter Zeit viele Gelegenheiten gegeben, das Gedicht vorzulesen. Dieses Vorlesen fühlt sich an wie meine ganz persönliche Katharsis, das hilft mir. Außerdem gelingt es mir dadurch, auch ab und zu über mich selbst zu schmunzeln und mich als sentimentale Ziege zu belächeln. Das würde ich natürlich nie laut aussprechen, aber die Gedanken sind frei, oder?

Und ein bisschen genieße ich es auch, mich gemeinsam mit Leidensgenossinnen dem Selbstmitleid hinzugeben. Hier in Berlin in der Wohnung meiner Freundin bade ich im schwesterlichen Tränenmeer, das allerdings immer wieder mit Lachen aufgelockert wird. Aber selbst Tatjana muss dann doch schlucken, als ich zum Lesen ansetze, das Telefon auf Lautsprecher auf dem Tisch vor mir – denn auch Christiane lauscht aus dem fast sechshundert Kilometer entfernten München.

Jetzt bist du schon 'ne Woche weg,
jetzt kann ich wieder atmen,
die Tränen trocknen langsam an,
bald kann ich wieder schlafen.
Mach doch deine Aufgaben, geh doch jetzt ins Bett,
geh doch endlich schlafen … und jetzt ist er weg.
Wie kann man so schnell wachsen?
Noch schneller rast die Zeit.
Dreh dich noch einmal um,
ich will, dass du noch bleibst.
So schön war diese Zeit mit dir,
so schön ist alle Zeit mit dir.
So schön wird diese Zeit mit dir.
So schön nur Zeit mit dir.

„Das wäre doch ein cooler Song", versuche ich dann selbst die Stimmung aufzulockern. „Kennt ihr irgendeine berühmte Sängerin, deren Kind gerade ausgezogen ist?" Christiane trocknet ihre Tränen jetzt daheim in München, da bin ich mir sicher. So schnell haben wir selten ein Gespräch beendet. Wir beide stecken noch zu tief drin in unserem Ablösungsprozess. Zum Glück bin ich in Berlin und sehe mein großes Kind heute Abend. Das hilft immer. Außerdem tut es mir gut, mir immer wieder die Frage zu stellen, in welchen Augenblicken ich mich als junge Frau rundum glücklich gefühlt habe. Ich sehe Bilder von mir im Wald, mit meiner Mutter, meinen Geschwistern. Wir suchen Beeren und Pilze, das war herrlich. Ja, ich war durchaus schon vor meiner Zeit als Mutter ein glücklicher und zufriedener Mensch, doch das Problem mit uns Müttern ist: Die alten Bilder sind verblasst gegenüber dem großen Glück, wenn man Kinder hat. Man erinnert sich kaum noch an das, was früher einmal war.

Über die nächsten Wochen mache ich mich auf die Suche nach jener Barbara, die eben nicht Mutter ist, sondern einfach nur Barbara. Wer bin ich eigentlich? Was gibt mir Kraft? Ich merke, dass ich mich nicht in blinden Aktionismus flüchten darf. Wenn ich die Leere nur mit sinnlosen Tätigkeiten vollstopfe, dann wird sie mich doch irgendwann aus dem Hinterhalt überfallen und ich muss mich ihr erneut stellen. Nein, ich muss diesen Raum mit mir selbst ausfüllen. Ich muss wachsen, meinem Leben einen neuen Rahmen geben.

Ich krame meine Geige wieder hervor und gebe mich ganz dem Spiel hin – ohne darüber nachdenken zu müssen, ob Elias auch seine Hausaufgaben gemacht hat. Ich beginne zu kochen.

Während andere Mütter sich zu diesem Zeitpunkt fragen, ob es sich für eine oder zwei Personen überhaupt noch lohnt zu kochen, stehe ich plötzlich stundenlang in meiner Küche und bin total überrascht, dass ich nicht alles anbrennen lasse. Als die Kinder klein waren, habe ich ihnen nur gekaufte Cookies mit in die Schule mitgegeben – aus Angst, das, was ich fabriziere, könnte vielleicht nicht schmecken. Heute muss ich darüber lachen, dass Elias mir manchmal einen Insta-Post mit den Worten vor die Nase hielt: „Warum nicht mal so, Mama?" Meist handelte es sich um eine kulinarische Köstlichkeit, an die ich mich nicht rantraute. Jetzt feile ich so lange an einem Brownierezept, bis es perfekt ist – so perfekt, dass Jen noch öfter zu mir zum Kaffeetrinken kommt. Ich gehe Auberginen kaufen, taste die Frucht ab, spüre ihre Oberfläche, ihren Körper und koche daraus gefüllte Aubergine à la Yotam Ottolenghi ... und es schmeckt! Richtig lecker! Mich erfüllt unglaublicher Stolz – wer hätte das für möglich gehalten? Was ich wohl sonst noch alles kann?

Trotzdem muss ich mich an die Tatsache, dass die Kinder ausgezogen sind, regelmäßig erinnern. Sonst würde ich wohl noch größere Mengen kochen und backen. Die Jungs sind mein Ein und Alles. Darf ich mir jetzt wirklich erlauben, mich selbst an die erste Stelle zu setzen, wo sie mich nicht mehr brauchen? Und brauchen sie mich ganz wirklich überhaupt nicht mehr? Gar nicht? Soll ich mich jetzt tatsächlich nur noch um mich selbst kümmern? Das ist so ungewohnt, als würde ich heimlich etwas Verbotenes tun.

Natürlich habe ich auch, als die Kinder noch klein waren, immer wieder eigene Projekte verfolgt, ich war auf Reisen, habe Bücher geschrieben und DVDs aufgenommen. Aber ich habe immer darauf geachtet, wie ich meine Arbeit in unseren Alltag einbauen kann, ohne dass die Bedürfnisse meiner Kinder zu kurz kommen. Jetzt darf ich mein Leben komplett frei planen, meine eigenen Prioritäten setzen und Entscheidungen nach Lust und Laune treffen und nicht mehr nach dem Prinzip der Vereinbarkeit mit der Familie.

Das ist toll!

Das ist großartig!

Ich sage mir das jetzt jeden Tag wie ein Mantra, doch trotz meiner Bemühungen, meinem wahren Ich immer näher zu kommen, und all der Fortschritte, die ich dabei mache, gibt es immer wieder Tage, an denen ich das Gefühl habe, Rückschritte zu machen. Dann kommt sie wieder hoch, die Angst vor der großen Leere und der Einsamkeit zu Hause. Vielleicht braucht es statt der vielen kleinen Schritte einmal einen großen Sprung ins kalte Wasser? Eine echte Herausforderung? Sonst kriege ich einen Vogel und gehe vielleicht noch meinen Kindern auf die Nerven, was das Allerschlimmste wäre. Gab es nicht irgendetwas, was ich immer verschoben oder gar abgesagt habe, weil ich wegen der Kinder nicht genug Zeit hatte?

Genau!

Seit Jahren liegt die Anfrage von RTL auf dem Tisch, ob ich bei Deutschlands größter Tanzshow mitmachen möchte. Es hat mich immer gelockt, aber ich konnte ja wegen der Kinder nie vier Monate am Stück in Deutschland bleiben. Aber jetzt ist mein Haus leer und ich brauche ein großes neues Abenteuer, in das ich mich stürzen kann.

Also los: Let's Dance!

EINE NEUE HERAUSFORDERUNG

Habe ich etwa die kompletten neunzig Sekunden die Luft angehalten? Ich stehe da und hechle in die Kameras wie nach einem Tausend-Meter-Lauf und so fühle ich mich auch. Schnappatmung bei meinem ersten *Let's Dance*-Auftritt. Eine Vollkatastrophe und ein Mann wie Joachim Llambi wäre nicht der, der er nun einmal ist, wenn er nicht sofort den Finger in die Wunde legen würde: „Ich dachte, du wärst so sportlich, Barbara, mit all deinen Pilates-DVDs. Aber du keuchst ja hier, als hätte dich schon dieser Tanz überfordert. Dabei war das noch gar nichts."

Warum nur habe ich nicht geatmet beim Tanzen? Jahrelang habe ich Atemübungen mit meinem Qigong-Meister praktiziert und gelernt, dass man dadurch auch tief sitzende Ängste oder Unsicherheiten in den Griff bekommen kann. Ich habe das hundertfach praktiziert, aber in geschützten Räumen und nicht live vor einem Millionenpublikum. Doch es ist ein großer Unterschied, etwas ausgeruht am Strand bei untergehender Sonne anzuwenden – und es dann aber auch in einer Stresssituation nicht zu vergessen. In dieser für mich völlig neuen Situation überflutet mich in der ersten Sendung so eine riesige Panikwelle, dass ich nicht mehr reagieren kann. Ich stehe da an der Seite meines Profis Massimo Sinato und fühle mich wie eine Forelle, die irgendwer aufs Tanzparkett geschleudert hat. Und da liegt sie nun, die arme Forelle, wird von allen genau betrachtet und hechelt um ihr Leben. Kann mich bitte irgendwer zurück in den Teich schmeißen?

Natürlich habe ich mich auf *Let's Dance* vorbereitet, mein Wohnzimmer in ein Fitnessstudio verwandelt, Ballettstangen und Hula-Hoop-Reifen gekauft, um an meiner Beweglichkeit zu arbeiten. Doch von Paartanz hatte ich keine Ahnung, obwohl ich bei jeder Party die Erste und die Letzte auf der Tanzfläche bin und richtig Gas gebe – allerdings im Freestyle. Ich liebe es, mich zu bewegen und zu tanzen. Ich mache das ständig zu Hause. Musik an und los geht's. Gerade nach Elias' Auszug hat mir dieses Aufgehen in der Musik unglaublich geholfen. Immer wenn die Einsamkeit überhandnahm, gaben mir die Musik und das Tanzen ein Stück Lebensfreude zurück.

Womit ich allerdings in Sachen *Let's Dance* nicht gerechnet hatte: dass mich die Macht des Liveaugenblicks psychisch zu Boden drücken würde. Und vor allem: dass die Zeit der Vorbereitung nicht reichen würde, den Tanz so abzuliefern, wie ich es mir vorstelle. Nämlich nahezu perfekt. Doch durch Zeitdruck wird man verletzlich und dann eben auch nervös – weil man schon ahnt, dass man den hohen Anforderungen, die man an sich selbst hat, nicht wird genügen können. Das ist mein größtes Problem hier.

Meine Freundinnen hatten mich vorher noch gewarnt: „Du traust dich was", hörte ich von allen Seiten. Oder auch: „Warum machst du denn in so einer Show mit? Ist dir langweilig?"

Oft habe ich dann etwas naiv zurückgefragt: „Warum denn nicht? Ihr wisst doch, dass ich gerne tanze, und jetzt lerne ich endlich, wie man zu zweit perfekt übers Parkett schwebt."

So weit mein Kleinmädchentraum von *Let's Dance*, der sich immerhin teilweise erfüllt. Die tollen Kostüme, in denen man sich so unsagbar weiblich fühlt, sind ein Traum. Die Atmosphäre in der Sendung ist prickelnd wie Champagner, die Aufregung mit den Händen greifbar, denn jede Woche geht es um alles oder nichts. Und was für ein Spaß, neue Schritte zu lernen, etwas zu kreieren, sich auch mal totalen Blödsinn einfallen zu lassen in den Proben. Wie oft haben Massimo und ich uns vor Lachen über den Boden gekugelt – um dann wieder diszipliniert weiterzuarbeiten. Tanzen und die Musik waren schon immer meine große Liebe und hier kann ich beides ausleben.

Doch am Ende ist es eine Realityshow, in der es natürlich um das Tanzen geht, aber eben auch darum, einer Person näherzukommen. In all ihren Facetten, den Ängsten, den Schwächen, den Träumen, den Emotionen. Das wird mir langsam klar – und ich begreife, was meine Freundinnen mit dem Satz gemeint haben: „Du traust dich was."

Auf der anderen Seite ging es mir genau darum, als ich hier zugesagt habe. Sich etwas zu trauen, raus aus der Komfortzone, etwas Neues wagen, über die eigenen Grenzen gehen, die fest gewordene Schale aufbrechen. Meinen Kokon aus liebevollen Menschen verlassen, der mich so lange vor neugierigen Blicken geschützt hat. Wer bin ich und wenn ja, wie viele? Ich genieße das großartige Gefühl, mir eine neue Herausforderung gesucht zu haben, die mir die Möglichkeit gibt, so zu wachsen, dass ich die Lücke, die der Auszug von Noah und Elias in meinem Alltag hinterlassen hat, mehr als nur ausfülle. Im Gegensatz zu den ersten Wochen nach unserem Abschied am Flughafen erwache ich jetzt voller Schwung und Tatendrang – ich bin bereit, die Welt aus den Angeln zu heben.

Im Zusammenleben mit meinen Jungs ging es vor allem darum, konsensfähige Entscheidungen zu treffen, Kompromisse zu schließen, Rücksicht auf die Bedürfnisse der anderen zu nehmen. Zu *Let's Dance* zu gehen war dagegen ganz allein *meine* Entscheidung. Auch wenn mir natürlich andere einen Stups in die richtige Richtung gegeben haben, zum Beispiel mein Coach Patrick Schäfer, den ich auf einem Flug von München nach Miami kennengelernt habe und der sich nicht nur als Mental Coach, sondern auch als ehemaliger Formationstänzer entpuppte. Manchmal schickt das Universum den richtigen Menschen zur rechten Zeit – man muss nur die Augen nach ihnen offen halten. Und so ist es also Patrick, der mich dann auch während der Show intensiv begleitet: „Du musst raus aus dem leeren Nest und die Flügel ausbreiten, die du viele Jahre nur über andere gelegt hast! Sieh dich wie Phoenix aus der Asche in neue Dimensionen schweben!"

Und hier stehe ich jetzt als tanzender Phoenix, der der Sonne ein bisschen zu nahe gekommen ist. Die Fallhöhe ist gewaltig neben diesen coolen Supertänzern und ich weiß gerade nicht, ob ich es aushalte, wenn meine Leistung jede Woche live und ungefiltert im Fernsehen in kleine Scheibchen zerlegt wird.

Normalerweise gebe ich auch den Takt an, aber das kann ich mir hier abschminken. Massimo Sinato ist der erfahrenste Tänzer in der gesamten *Let's Dance*-Truppe. Er arbeitet viele Choreografien aus und ist für die Bühne und das Rampenlicht geboren. Der Mann weiß, was er tut, und macht klare Ansagen. Ich muss lernen, ihm vollkommen zu vertrauen, mich fallen zu lassen. Na, halleluja! War mir das vorher klar? Nein, aber es hilft nichts. Es war meine Entscheidung und da muss ich jetzt durch. Zum Glück verstehen wir uns super, haben den gleichen Humor und lachen uns über den gleichen Quatsch schlapp.

Für mein Training hat Massimo seine eigene Methode. Er spricht jeden Tanz mit genauen Anweisungen aufs Handy, den ich mir am besten hundert Mal am Tag anhören soll. Er hat sich eigene Kommandos für jede Bewegung, jeden Schritt ausgedacht. Wenn ich ihn anschauen soll, klingt das so: „Massi, Massi, Massi." In die Kamera blicken heißt „Kran, Kran, Kran". Wenn man sich auf die rechte Seite bewegen soll, heißt es: „Jury, Jury, Jury." Ich gebe alles. Wo ich auch bin, höre ich mir Massimos Kommandos an. Nachts träume ich davon. Ich liebe diese Herausforderung, den Spaß hinter den Kulissen, beim Training und auf der Empore mit den anderen Kandidaten, wenn wir den Tanzpaaren in Action zusehen.

Christiane besucht mich in der Show oder schickt mir Jubelkommentare von der heimischen Couch nach meinen Auftritten. Sie ist zu einem absoluten Fangirl mutiert, kommt sogar in die Proben und ist schon da begeistert über die Choreografie. Ihr absoluter Glaube an mich gibt mir Kraft, wenn ich selbst an mir zweifle. Eigentlich sind alle meine Freundinnen ständig um mich herum, wollen mich aufmuntern und bestärken, jede Woche sitzt eine andere Fantruppe in der Show. Doch trotz der vielen positiven Emotionen, die mich durchfluten, gibt es jede Woche tausend Momente, in denen ich zu scheitern drohe, empfindlich reagiere, nah daran bin aufzugeben. Will ich mich so sehr öffnen? Muss ich das wirklich? Können wir nicht einfach nur tanzen? Muss die Kamera immer dabei sein?

Ich verdanke es vor allem Massimo, dass ich jede Woche wieder Spaß daran habe, einen neuen Tanz zu lernen. Er zeigt mir, dass ich belastbarer bin, als ich denke. Er zerlegt mich jede Woche in tausend Einzelteile und gemeinsam setzen wir mich dann wieder zusammen. Emotional und tänzerisch. In dieser Zeit fühle ich mich, als würde mein Ich jeden Tag unter dem Mikroskop liegen und Millionen von Menschen würden sich fragen, was sie diese Woche Neues an mir entdecken. Eine Grenzerfahrung für mich, die ich am liebsten zurückgezogen lebe, auch wenn es auf den ersten Blick nicht den Anschein hat.

AUFGEBEN IST WAS FÜR FEIGLINGE

Während der Show versetzt mich die Stimme des Ansagers, die meinen Auftritt ankündigt, jedes Mal in sofortige Schockstarre. Meine Beine können sich keinen Millimeter mehr bewegen. Ich weiß das genau. Tanzschritte? Welche Tanzschritte? Die kleine Barbara möchte bitte von ihrer Mama von der Tanzfläche abgeholt werden. Da macht Massimo eine Bewegung und mein Körper reagiert.

Das ist ja erstaunlich, denke ich kurz. Wir haben es wirklich geschafft, die Musik in den Körper so zu verpflanzen, dass der automatisch reagiert. Ich bin ja eher ein Kopfmensch und sage meinem Körper, was er machen soll. So funktioniert das bei Pilates. Beim Tanzen nicht, da muss sich das Gehirn irgendwie ausschalten und die Emotion die Oberhand gewinnen.

Ich meditiere so viel wie noch nie in meinem Leben, denn ich versuche, meinen Atem unter Kontrolle und damit die Panik in den Griff zu bekommen. „Wenn sich der Atem entspannt, entspannt sich die ganze Welt um einen herum", sagt Patrick mir immer wieder.

Jaja, ich weiß. Ich praktiziere das schließlich seit Jahren mit dem richtigen Atmen. Aber hier in der Sendung machen Körper und Geist einfach, was sie wollen. Sie gehorchen mir nicht mehr automatisch, ich muss das Zusammenspiel sozusagen neu programmieren.

Nur allmählich gewöhnt sich mein Köper an die Kameras und den Liveirrsinn und ich schaffe es, das erlernte Wissen aus mir herauszuholen. Ich stehe so oft im roten Licht der „Zitterer", dass wir uns alle schon einen Spaß draus machen. „Rot steht mir eben", lache ich jedes Mal bei der After-Show-Party. Da tanze ich dann wie verrückt mit Jorge Gonzales und bin meist die Letzte, die sich von der Tanzfläche verabschiedet. Mein Adrenalinspiegel ist so hoch, dass ich nach der Sendung vor drei Uhr nachts sowieso nicht schlafen kann. Wer wollte noch mal, dass ich hier mitmache?

Ach so. Ich selbst. Mist.

Aufgeben ist nur was für Feiglinge und was ich meinen Kindern immer gepredigt habe, muss ich jetzt vorleben. Blöd gelaufen. Sie sagen es nicht, als sie im Publikum sitzen, aber etwas ungläubig schauen sie mir schon zu. Ihre Mutter über Wochen im Rampenlicht? Das haben sie noch nie erlebt. Natürlich gehe ich über den roten Teppich oder sitze in Talkshows, um meine Fitnessprogramme oder Mode- und Wohnkollektionen zu promoten, aber hier geht es um kein Produkt. Es geht nur um mich. In dieser Show lerne ich mich von einer ganz neuen Seite kennen. Das war es doch, was ich wollte, oder?

Durch mein Leben in der Öffentlichkeit habe ich es mir lange nicht gestattet, Fehler zu machen. Ich wollte ein Vorbild für meine Kinder bleiben. Eine Frau, von der man sich vielleicht etwas abschauen kann. Keine Mutter, für die man sich schämen muss. Das hat mich auf Dauer eingeschränkt, wie ich heute weiß. Aber jetzt sind die Kinder aus dem Haus und ich muss nicht mehr vierundzwanzig Stunden am Tag Vorbild sein und alles richtig machen. Ich kann Fehler machen und es ist völlig in Ordnung, wenn andere diese auch bemerken.

Ich habe fast das Gefühl, die Kinder beruhigt es irgendwie, dass Mama auch nicht alles kann und weiß. Bei ihren Besuchen sitzen sie bei mir in der Garderobe und sprechen mir Mut zu: „Das schaffst du schon, Mama. Du machst das toll."

War das nicht mein Spruch jeden Morgen? Die Kinder aufbauen, sie stärken für die Welt da draußen? Offenbar sind meine Motivationssprüche hängen geblieben.

Meinen Freestyle widme ich einem der schönsten Tage meines Lebens: der Geburt von Elias. Er sitzt an diesem Abend in der Sendung. Nach meinem Auftritt renne ich zu ihm und umarme ihn. Wie viele Punkte habe ich noch mal? Vollkommen egal, denn die Emotionen, die ich in diesen Tanz gelegt habe und die mich die ganze Trainingswoche begleitet haben, werde ich nie vergessen. Mich erfüllt eine tiefe Welle von Dankbarkeit.

Beim Discofox-Marathon wenige Wochen vorher stehen Massimo und ich sogar ganz oben auf dem Siegertreppchen. Schade, dass es dafür keinen Pokal gibt. Meine Freundin Ariane kommt hinter der Bühne auf mich zugerannt: „Das ist meine Barbara! So tanzt du auf jeder Party." Ich lache und freue mich einfach nur an diesem Abend – und natürlich bin ich wieder die Letzte auf der After-Show-Party.

Wenn man es schafft, über sich selbst hinauszuwachsen und die eigenen Ängste zu besiegen, kann das eine großartige Erfahrung sein. Zu dieser Befreiung aus alten Mustern hat mir *Let's Dance* geholfen und deswegen liebe ich jede Sekunde, die ich da mitgemacht habe. Ich habe mir einen großen Traum erfüllt und ein Abenteuer gewagt.

Darauf bin ich stolz.

Am Ende der Staffel meinte Noah übrigens noch: „Ich hoffe, du fängst jetzt nicht auch noch mit Fallschirmspringen an." Er wundert sich noch immer, dass ich mich all diesen Versagensängsten gestellt habe, aber er ist auch stolz auf mich.

Und wer weiß? Das mit dem Fallschirmspringen überlege ich noch.

Christiane | München

Heimat-
besuch

Am Morgen nach meinem Telefonat mit Barbara wache ich etwas gerädert und mit verschwollenen Augen auf, weil mich ihr Gedicht noch immer verfolgt. Ich schleppe mich ins Büro, wo die tägliche Mammutkonferenz gleich anfängt.

Auf dem Flur begegne ich einem Kollegen, der mich neidisch anstrahlt: „Euch muss es ja super gehen daheim – jetzt, wo euer Sohn endlich erwachsen ist! So viel Freiheit! Herrlich. Davon träumen meine Frau und ich gerade mit unseren beiden pubertierenden Teenagertöchtern."

Jaja, Herr Kollege. Wir sprechen uns in ein paar Jahren wieder, die schneller vergehen werden, als dir lieb und bewusst ist. Klar war die Pubertät anstrengend, und zwar so richtig. Aber was mache ich jetzt? Ist das leere Nest, in dem ich jetzt sitze, nicht viel schlimmer?

An dem einen Tag fühle ich mich großartig, bereit, mein Leben ganz neu zu beginnen. Ich mache Pläne, bin voller Energie. Am nächsten Tag falle ich wieder in ein Loch voller Selbstmitleid, das ich wenigstens im Büro halbwegs kaschiere. Dort habe ich meine Freundin Petra, die ich mein halbes Leben kenne und mit der ich jetzt wieder in der Mittagspause auf der Bank sitze und vor mich hin jammere wie in meinen schlimmsten Liebeskummerzeiten. Petra war schon immer mein Gute-Laune-Booster und auch jetzt schafft sie es meist, meine Stimmung zu heben. Sie findet, ich soll stolz auf Nicholas sein und jetzt mal wieder an mich denken. Jaja …

Richtig schlimm sind die Wochenenden. Das Haus ist verwaist. Ganz genau. Verwaist! Kein Schwein ruft mich an, keine Sau interessiert sich für mich. Kein Kind will bekocht werden, kein Freund klingelt wie früher immer am Sonntag. Kein Poltern von schweren Jungsschuhen auf der Treppe. Die Stille, die ich früher so oft herbeigesehnt habe, schreit mich jetzt an. Ich sitze allein auf dem Sofa und grübele. Immerhin kuschelt sich mein Hund an mich.

Ja, auf dem Sofa! Na und? Sieht doch keiner. Gar keiner! Manchmal klingelt Tina und rettet mich mit einer Runde Gassi.

Warum fällt es mir nur so schwer, aus dem ewigen Kreisen der Gedanken auszubrechen? Er kommt bald heim, beruhige ich mich selber.

Doch wie kurz können eigentlich drei Wochen sein? Unglaublich kurz. Gerade einmal so lange dauert nämlich die Stippvisite von Nicholas zwischen Rio und Tokio. New York hat er ausgelassen, da will er aber auch noch hin.

Na klar.

WIEDERSEHEN IM HOTEL MAMA

Ich arbeite bis kurz vor Weihnachten, erledige die letzten Einkäufe, schmücke den Baum und putze die Bude. Währenddessen chillt mein Sohn ausgiebig in seinem Zimmer, geht jeden Tag mit seinem geliebten Hund joggen und ist ansonsten auf ausgiebiger Freundes- und Weihnachtsfeiertour unterwegs, um alle an seinen Erlebnissen im Gap Year teilhaben zu lassen.

Ich bin plötzlich wieder Hotel Mama und koche praktisch rund um die Uhr. Ich hatte fast schon vergessen, dass Jugendliche Berge von Essen in sich hineinfuttern können. Und dass mein Sohn gerne auch so gegen neun Uhr abends noch Nudeln hätte, wenn er aus dem Fitnesscenter kommt. Da liege ich inzwischen eigentlich schon schlapp auf der Couch und lasse mich berieseln, aber jetzt muss ich mich noch mal aufrappeln und ran an den Herd. Denn Nicholas weiß natürlich, welche Knöpfe er bei mir drücken muss: „Bitte, Mama. Deine Pasta ist so lecker und ich muss ja noch duschen nach dem Training. Da kannst du doch inzwischen schon was kochen, oder?"

Warum fallen wir Mütter eigentlich immer wieder auf den schmeichelnden Ton unserer Kinder rein? Oder bin nur ich so? Der Junge ist doch erwachsen und muss sich als Student bald selbst verpflegen, aber zu Hause funktionieren noch immer die alten Mechanismen, die wir beide in achtzehn Jahren gelernt haben. Kind hat Hunger bedeutet: Mutter kümmert sich ums Essen – gerne auch mal vom vietnamesischen Imbiss um die Ecke. Das nervt zwar irgendwie, auf der anderen Seite werde ich dadurch zu Supermom, wenn ich mit Sushi oder Ähnlichem heimkomme. So schnell kann man seine mütterlichen Verhaltensweisen eben nicht ablegen.

Und dieses „Danke, Mama!" habe ich jetzt drei Monate vermisst. Also verwöhne ich meinen Sohn. Was wird er nur essen, wenn er in Japan ist? Jeden Tag Sushi wird selbst ihm bald zu den Ohren rauskommen. Ich muss ihn noch einmal richtig aufpäppeln, bevor er in der Fremde hungern wird.

Muss ich das?

Eine kleine Stimme in meinem linken Ohr flüstert mir zu, dass der junge Mann sicher nicht verhungern wird, wenn er sich mal selbst kümmert, und spätestens jetzt wäre es zudem an der Zeit, ihm ein paar Küchengrundregeln beizubringen. Also mache ich das – und bin positiv überrascht. Selbst sein Lieblingsgericht Reis mit Erdnusshühnchen kriegt er problemlos hin.

„YouTube-Videos, Mama", sagt Nicholas grinsend.

Ich muss also gar nicht mehr in ständiger Alarmbereitschaft sein, wird mir klar. Und diese Erkenntnis entspannt mich augenblicklich. Am nächsten Abend treffe ich mich abends mit Freunden in der Stadt und Nicholas bekocht zu Hause seine Kumpels. Als ich nach Hause komme, ist die Küche blitzblank, das Geschirr in der Spülmaschine und kein Krümel klebt mehr am Herd.

„Ist doch selbstverständlich", kommentiert Nicholas das am nächsten Tag, als ich mich bei ihm bedanken möchte. Cool, so ein erwachsener Sohn. Dafür verwöhne ich ihn am Abend mit Rouladen – der alte Klassiker zaubert immer ein Lächeln auf die Gesichter meiner beiden Männer. Und das mache ich ganz freiwillig, weil es mir Spaß macht.

Über die Feiertage reist Oma aus Nürnberg an mit einer riesigen Ladung Vanillekipferl, die ihr Enkel über alles liebt. Auch bei ihr funktionieren die alten Muttermechanismen noch einwandfrei, wenn die Söhne zu Besuch kommen. Daheim bei Mama schmeckt ja sowieso alles besser, weil die Kindheitsprägung den Geschmack für immer abgespeichert hat. Jedes Essen à la Mama ist zutiefst verbunden mit positiven Kindheitserinnerungen und dem Zuhausegefühl, das einen bei jedem Bissen wohlig durchströmt. Und so geht es auch Nicholas mit meinen kulinarischen Meisterwerken. Also stehe ich am Wochenende am Herd und fabriziere die weltbeste Lasagne, denn er hat seine Kumpel eingeladen und die haben sich ihr Lieblingsgericht aus alten Schulzeiten von mir gewünscht.

Als die fünf Jungs schließlich am großen Esstisch sitzen und sich ihre Erlebnisse erzählen, vergessen sie glatt, dass ich in der Nähe stehe und meine Ohren ganz weit aufsperre. Was man da nicht alles erfährt über Freundinnen und Ex-Freundinnen, Pläne und Wünsche! Dieses Mithören habe ich immer besonders geliebt, weil man unmittelbar dran ist an der Wahrheit der Kinder. Die meisten Mütter machen das so – und die Väter wundern sich dann, woher wir das nur wieder alles wissen. Mein Mann sagt dann immer gerne zu mir: „Also mir hat das Nicholas nicht erzählt."

Mir auch nicht.

Aber das Problem ist ja in Zukunft: Solche Situationen sind ab jetzt die Ausnahme und wie soll ich überhaupt noch an Informationen über mein Kind kommen, wenn er jetzt neue Freunde in einer neuen Stadt findet? Er muss mir jetzt *wirklich* erzählen, was ihn beschäftigt. Sonst erfahre ich gar nichts mehr. Mäuschen spielen und lauschen ist vorbei. Darüber denke ich zurzeit viel nach. Gleichzeitig mache ich mir wieder und wieder bewusst, dass ich akzeptieren muss, dass ich nicht mehr unmittelbarer Teil der Lebenswelt meines Sohnes bin. Nicht, weil er mich nicht mehr liebt. Nicht, weil ich für ihn unwichtig bin. Sondern, weil er sich weiterentwickelt hat. Aber, ach, nach achtzehn Jahren Kreisen um einen Mittelpunkt ist das schon etwas schwer.

FROHE WEIHNACHT

Ein paar Tage später ist Weihnachten und ich komme langsam an meine Grenzen. Und doch lächele ich, denn ich möchte gute Laune verbreiten. Nein, ich bin nicht gestresst! Wie kommt ihr nur da drauf, liebe

Familie? Ich freue mich doch, endlich mal wieder die Bude voll zu haben, und es macht mir auch überhaupt nichts aus, dass sich bei mir alle immer an den gedeckten Tisch setzen und denken, ich hätte einen Exklusivvertrag mit den Heinzelmännchen. War doch viel zu ruhig hier die letzten Wochen. Nur zwei Menschen und ein Hund in einem Haus, jetzt tobt hier wieder das Leben um unseren Esszimmertisch. Zum Glück hatte ich mir in den vergangenen Monaten wieder mehr Zeit für meine Yogaübungen genommen, sodass ich meinen Atem besser kontrollieren kann als früher. Außerdem verschwinde ich einfach aus dem Haus, wenn es mir zu viel wird, laufe mit Aylin durch den Wald und genieße die Stille zwischen den Bäumen. Einatmen, ausatmen im Gleichklang der Schritte. Danach bin ich bereit für die nächste Runde. An Heiligabend, als alle im Haus längst schnarchen, stehe ich noch um Mitternacht in der Küche, um den Acht-Kilo-Truthahn vorzubereiten, den Monis Lebensgefährte mitgebracht hat. Meine Schwester ist seit Kurzem verliebt in Heinz aus Ohio, der seit dreißig Jahren in Deutschland lebt und am liebsten mit ihr um die Welt reist. Vorher war sie achtzehn Jahre lang allein und nur daheim. Wie perfekt kann eigentlich ein Timing sein? Als hätte das Universum da seine Hände im Spiel. Im Gegensatz zu mir hat sie dank dieser neuen großen Liebe die Abnabelung von Nicholas, der doch so lange ihr Ein und Alles war, hervorragend hinbekommen. Und wie schaffe ich das jetzt? Ich kann doch nicht weiter im Gestern verharren! Beim Projekt Nicholas läuft unübersehbar der Countdown und ich muss es endlich schaffen, das zu akzeptieren. Immerhin merke ich, dass sich die große Trauer der ersten Wochen immer mehr in Vorfreude verwandelt auf all das, was jetzt möglich sein wird.

Ohne den straffen Terminkalender einer Working Mom spüre ich so was wie den Duft der großen Freiheit – die ersten Schritte habe ich mit meinen neuen Urlaubsplänen und dem neuen Sportprogramm bereits gemacht – und das ist erst der Anfang …

Doch jetzt gerade stehe ich reichlich erschöpft in unserer Küche, als mich eine herbe Parfümwolke einhüllt. „Ach super, Mama. Du bist noch wach. Dann kannst du mich doch bestimmt zur S-Bahn fahren. Ich will noch ein bisschen mit den anderen in die Stadt."

Strahlend schaut mich mein Sohn an und natürlich kann ich. Wie immer. Auch wenn ich ein Glas Champagner mehr hatte als die anderen. Aber die schlafen ja längst alle. „Wann geht denn die S-Bahn?", frage ich ganz vorsichtig.

„In fünfzehn Minuten. Das schaffen wir locker."

Oh nein! Bitte nicht an Heiligabend mit hundert durch den Wald rasen! Wenn da irgendein Reh steht, sind wir verloren. Doch ich sage nicht Nein, denn ich bin Supermom. Immer bereit einzuspringen.

Zum Glück haben wir tausend Schutzengel, kein Rehlein wagt sich aus dem Wald auf die Straße und wir sind rechtzeitig am Bahnhof. Puh! Geschafft!

Ganz gemütlich mit dreißig fahre ich zurück und parke das Auto wieder vor der Haustür. Jetzt aber ins Bett.

SCHIFOAN

Gleich nach den Feiertagen fahre ich mit Nicholas zum Shoppen in die Stadt. Das lieben wir.

Kein Witz. Wir feiern diese Mutter-Sohn-Shoppingtouren! Wir sind nämlich beide keine Onlineshopper. Mich nerven diese Paketberge tierisch, die sich in der Redaktion ständig türmen, weil irgendetwas bestellt, anprobiert und flugs wieder zurückgeschickt wird, weil es nicht passt oder gefällt oder weil es vielleicht sogar einmal auf einem Event getragen und für Instagram schick inszeniert wurde. Hey, Leute, die meisten dieser Sachen werden vernichtet! Das ist doch pervers.

Auch Nicholas ist kein Fan von Onlineshopping, wobei das bei ihm nicht nur Ökogründe sind. Er probiert einfach gerne an, ob ihm die Hose steht oder der Pulli wirklich passt, und hält es für Zeitverschwendung, etwas zu bestellen, von dem er nicht sicher ist, wie es in der Realität aussieht. Und jetzt braucht er eben dringend noch ein paar coole

Winterklamotten für Sapporo. Wir bummeln durch die Stadt, probieren hier was an, dann dort. Essen eine leckere Acai-Bowl in unserem Lieblingsladen und genießen beide die Quality Time, wie die Amis sagen. Klar bin ich für ihn auch in meiner Funktion als Sponsorin der Wunschklamotten interessant, aber eben nicht nur.

Er fragt mich nach meiner Meinung und solange Nicholas studiert, ist er sowieso auf unsere finanzielle Unterstützung angewiesen. Also zücke ich lächelnd die Kreditkarte an der Kasse und wenn das Teil zu teuer ist, verhandeln wir vorher und er übernimmt einen Teil, denn die Oma hat sein Konto gerade aufgepolstert.

Am achten Januar beginnt der Sprachkurs in Münchens Partnerstadt ganz oben im Norden Japans. Eisig kalt ist es da, der Wind weht direkt aus Sibirien rüber. Dazu schneit es praktisch jeden Tag, sodass die Skipisten sich rühmen, einen mindestens so tollen Pulverschnee zu haben wie in Colorado. Irgendwie habe ich die leise Ahnung, dass mein Sohn sich diesen Ort auch aus diesem Grund ausgesucht hat, denn Skifahren hat er mit vier Jahren in der Skischule „Rote Teufel" in Kitzbühel gelernt. Und so fährt er auch. Jede Piste, jeden Buckel, bei jedem Wetter. Ganz im Gegensatz zu seiner übervorsichtigen Mama, die inzwischen nur noch eine Schönwettercarverin ist. Eine Schneeflocke, die meine Sicht behindert, und ich kehre in der nächsten Hütte zu einem gemütlichen Jagertee ein.

Nicholas ist inzwischen zum Snowboarder mutiert und hat schon so manchen Skilehrer verblüfft, weil er auch schwarze Pisten schneller und sicherer meistert als fast alle Skifahrer. Und jetzt will er eben unbedingt einmal im Leben den sensationellen Pulverschnee im japanischen Hokkaido ausprobieren, von dem die Schneeforen weltweit schwärmen und fantastische Fotos posten.

Also stehen wir drei Wochen nach seiner Rückkehr aus Südamerika mal wieder am Münchner Flughafen. Die Snowboardboots baumeln an seinem Rucksack, als er uns hinter der Sicherheitskontrolle zum letzten Mal zuwinkt. Japan. Eine andere Welt und dieses Mal fliegt er ganz allein und nicht mit einem Kumpel.

Die Anreise dauert ewig. Erst München-Tokio, dann ein paar Stunden Aufenthalt und dann noch einmal zwei Stunden Flug weiter nach Sapporo. *Wird schon alles gut gehen,* beruhige ich mich selbst, doch in dieser Nacht schleiche ich mich hoch in sein Zimmer, lege mich auf sein Bett und atme ganz tief den Geruch meines Kindes ein. Sieht ja keiner. Die Kindheit entflieht aus den Kissen wie ein flüchtiger Hauch der Vergangenheit. Da stehen noch seine Bücher, liegen seine alten T-Shirts rum, die Kinderfotos hängen an den Wänden, aber das Kind ist auf dem Sprung in die Zukunft.

Ich muss loslassen.

Mit diesem Gedanken schlafe ich ein.

Heimatbesuch

Barbara | Miami

Eigen-
ständig

ch bin auf dem Rückweg von der Promotour für mein neues Buch *Die Barbara-Becker-Formel* und stehe in Berlin am Schalter, um mein Gepäck aufzugeben, als ich höre, wie eine mir bekannte Stimme hinter mir leicht verzweifelt diskutiert.

„Nein, das sind keine Skier für Miami, da ist Equipment für die Ausstellung drin."

Ich drehe mich um und sehe Noahs Freundin, die dem Bodenpersonal zu erklären versucht, warum sie einen prall gefüllten Skisack einchecken möchte, in dem keine Skier sind.

„Du bist doch nicht etwa im gleichen Flieger wie ich? Warum hat Noah mir das denn nicht gesagt?"

Ja, warum? Weil er seine Flüge schon seit Jahren selbst bucht, was ja vollkommen normal ist mit sechsundzwanzig. Umso mehr freue ich mich, unverhofft vor seiner Freundin zu stehen, die mit dem gleichen Flugzeug wie ich nach Miami will. Bei der Art Basel Miami hat Noah eine große Ausstellung in der Rudolf Budja Galery und ist zur Vorbereitung schon nach Florida geflogen, während sie noch in Deutschland zu tun hatte.

Die nächsten Tage wird bei mir zu Hause gemalt, gehämmert und gearbeitet, Noahs drei auf fünf Meter große Gemälde werden in ihre Rahmen gespannt und alles wird für die Art Basel vorbereitet, bei der mein Haus jedes Jahr ein Treffpunkt für Freunde und Künstler ist. Ich tanze durch mein Haus, so glücklich bin ich. Die Atmosphäre ist fröhlich, unbeschwert. Junge Leute gehen ein und aus. Alle wollen Noah besuchen, sind gespannt auf seine Bilder. Es wird Musik gemacht. Eigentlich den ganzen Tag. Ich bin schon im Pyjama, als ein Freund mit einer Limousine vorfährt, die er zu einer rollenden Glitzerdisco umgebaut hat. Auch das ist Miami. Wild, verrückt, laut.

Vor allem aber ist es nach meiner Ankunft aus Berlin noch etwas hektisch, denn ich will das Haus perfekt für Elias' Rückkehr vorbereiten. Da kommt es noch einmal durch, das überfürsorgliche Muttertier: Ist das Bett von Elias mit seiner Lieblingsbettwäsche bezogen, liegen genug Handtücher im Bad? Steht im Kühlschrank seine Hafermilch? Wie ein Derwisch rase ich durchs Haus. Treppe rauf, Treppe runter. Elias müsste gleich da sein. War das nicht gerade ein Auto vor der Tür?

THE BOYS ARE BACK IN TOWN

Meine Familie weiß, dass ich niemanden vom Flughafen abhole. Kinder und Freunde kommen selbstständig zu uns nach Hause, denn seit Elias ausgezogen ist, habe ich kein Auto mehr. Selbst Auto zu fahren macht mir nicht wirklich Spaß und hier in Florida stresst es mich besonders, denn hier sitzen schon Sechzehnjährige hinter dem Steuer – gerne auch in ziemlich großen Autos, die sie noch kleiner wirken lassen – und geben ordentlich Gas. So viel zu meiner Affinität zu fahrbaren Untersätzen und dem Straßenverkehr in Amerika, wo man auf dem Highway die Autos von links *und* von rechts überholen darf.

Wenn ich etwas in der Stadt erledigen muss, fahre ich Fahrrad oder Uber. Apropos: Da fährt doch gerade ein Auto vor! Ich rase zur Tür und da steht mein Kind mit einem breiten Grinsen im Gesicht. Etwas müde vom langen Flug, aber bereit für das vertraute Miamifeeling und eine innige Umarmung von mir. Noah und meine Mutter nehmen den Heimkehrer ebenfalls in die Arme und dann wird reihum geknuddelt. Wir alle mögen körperliche Nähe, wir umarmen die Menschen, die wir lieben. Und das war meinen Kindern zum Glück noch nicht einmal in der Pubertät peinlich. Im Gegenteil. Sie gehen mit ihren Freunden und Tanten genauso liebevoll um.

Das ist es, was mich fast zum Fliegen bringt, wenn meine Jungs wieder im Haus sind: diese Überdosis an Glückgefühlen, ausgelöst durch die pure Anwesenheit meiner Kinder. Und das will etwas heißen, denn in letzter Zeit haben so einige Dinge meinen Alltag zum Leuchten gebracht – auch wenn ich natürlich immer wieder Tiefs erlebe, in denen ich meine Jungs schrecklich vermisse. Ich genieße die Zeit, die sich mir bietet, verfeinere meine Kochkünste, spiele, musiziere, treffe mich mit meinen guten Freunden aus der Nachbarschaft. Wir machen Picknicks am Strand, morgendliche Spaziergänge mit einem Becher Kaffee in der Hand. Da ich die Spielsachen der Jungs noch nicht weggeräumt habe, ist mein Haus ein Paradies für die Kinder aus der Nachbarschaft – und für eines der Mädchen schaffe ich mir sogar extra ein aufblasbares Einhorn für den Pool an. Als ich für die Tochter einer Nachbarin eine Karaokemaschine als Geburtstagsgeschenk besorge, stellt sich heraus, dass das Mädchen schon eine hat – also erfreuen wir älteren Mädels uns ganze Abende daran, während Jen heimlich Videos macht, um uns am nächsten Morgen damit aufzuziehen.

Und doch: Es ist und bleibt etwas Besonderes, wenn die Kinder wieder einmal daheim sind. Zur Art Basel Miami ist auch meine Freundin Heather immer bei uns und sie sieht, wie es mir gerade geht: „Dein Haus ist immer schön und ein Ort der Freude, aber wenn die Kinder da sind, leuchtet alles hier noch heller. Die Musik fängt früher an und hört später auf. Die Gespräche sind intensiver, das Lachen lauter, die Liebe größer." Ja, nur meine Wahlschwestern kennen mich gut genug, um so etwas zu sehen – und auch die richtigen Worte zu finden, um das auch auszusprechen.

Eine halbe Stunde nach Elias' Ankunft ist das Haus rappelvoll – dabei hatten sich zuvor schon Noahs zahlreiche Freunde in sämtlichen Zimmern gedrängt. Keine Ahnung, wie der Flurfunk heutzutage unter Jugendlichen funktioniert, aber alle sind da, die ich seit Monaten nicht gesehen habe.

Die nächste Runde Küssen und Umarmen startet und die Atmosphäre wird immer lauter und fröhlicher. Ich stehe mitten im Chaos und genieße. Auf einmal legt Noah den Arm um mich und sagt: „Läuft doch alles, Mama. Du hättest dich vorher nicht so zu stressen brauchen."

Diese Empathie empfinde ich als eine besonders schöne Begleiterscheinung ihres Erwachsenwerdens. Die Jungs machen sich Gedanken, wie es mir geht, unsere Beziehung ist schon lange keine emotionale Einbahnstraße mehr, auf der ich sie mit mütterlicher Sorge betrachte, während sie am liebsten den Fluchtweg antreten würden. Ich selbst weiß allerdings noch nicht so genau, wie ich das finde. Denn irgendwie ist das doch verkehrte Welt. Wir Mütter müssen darauf schauen, wie es den Kindern geht, und nicht umgekehrt. Auf der anderen Seite fühlt sich die offensichtliche Fürsorge meiner Jungs sehr warm und liebevoll an. Hm.

Das Nachhausekommen ist jedenfalls von beiden Seiten anders und das mag alle Mütter pubertierender Kinder trösten, deren Stresslevel noch bei hundert Prozent liegt. Wenn meine Jungs heute heimkommen, fällt ihnen durchaus auf, dass ich den Kühlschrank mal wieder bis zum Bersten mit ihrem Lieblingsessen vollgestopft habe. Früher wurde moniert, wenn etwas gefehlt hat. Heute, da sich die Jungs in London und Berlin selbst versorgen müssen, wissen sie, dass Lebensmittel nicht von allein in den Kühlschrank fliegen. Und bedanken sich. Oh Wunder des Erwachsenwerdens!

Das merken auch Freunde und Bekannte von uns, denn ich bekomme immer wieder Komplimente für meine Kinder und das freut mich sehr, denn ich hatte keinen wirklichen Erziehungsfahrplan. Ich habe sehr viel aus dem Moment und aus dem Bauch heraus entschieden und war manches Mal auch inkonsequent. Wenn ich allerdings in einem Punkt bei der Erziehung meiner Kinder konsequent war, dann in dem hier: Vorurteile oder Ressentiments hatten in unserer Familie keine Chance. Ich denke, dass diese Offenheit ein wichtiger Faktor ist, wie meine Kinder heute mit anderen umgehen. Natürlich haben auch sie manche Leute komisch beäugt, wenn wir mal wieder unverhofft Besuch bekamen und Freunde in unser Baumhaus einzogen oder mit ihrem Boot bei uns ankerten. Sie hat es durchaus irritiert, wenn die Betreffenden dann mehrere Monate blieben statt nur über das Wochenende. Aber wenn ein Freund Hilfe braucht, bekommt er sie. So wurde ich erzogen und so habe ich es auch selbst erfahren. Dies ist bis heute ein wesentlicher Bestandteil meines Denkens, das ich auch an meine Söhne weitergegeben habe. Ich bin überzeugt, dass dieses gelebte Prinzip der offenen Türen meinen Kindern heute hilft, neue Freunde zu finden und ebenfalls ohne Vorurteile auf fremde Menschen zuzugehen. Wir alle brauchen einander, wir leben doch nicht auf einer einsamen Insel und sprechen mit einer Kokosnuss, weil sonst keiner da ist. Empathie und Mitgefühl sind wichtige Pfeiler meines Denkens. Mal brauche ich Hilfe, mal mache ich die Tür auf. *Das Leben ist wie eine Spielplatzwippe,* denke ich manchmal. Jeder ist mal oben und mal unten, aber am schönsten ist es, wenn beide sich in der Balance anlächeln.

Ich bin froh, dass ich meinen beiden Jungs diese Lebenseinstellung mit auf ihren Weg geben konnte. Doch davon abgesehen waren für mich auch noch ein paar andere Fragen wichtig: Was macht dich zu einem glücklichen Menschen? Welcher Weg bringt das Beste in dir hervor? Wie kann aus dir ein empathischer Erwachsener werden, der zwar seine eigenen Ziele verfolgt, aber dabei nicht seine Umgebung aus den Augen verliert?

Diese Gedanken haben mich lange umgetrieben, wenn ich meine Söhne angesehen habe. Vor ein paar Jahren ging es ihnen vor allem darum, sich zu befreien, herauszufinden, wer sie sind, was sie wollen und was sie können. Der ganz normale Abnabelungsprozess eben. Doch wenn man da mittendrin steckt, fällt ein vernünftiger Blick von oben auf die eigene Familie schwer.

Das letzte Jahr vor Noahs Auszug, als die beiden mitten in der Pubertät steckten, war für mich wahrscheinlich die schwierigste Phase. Das Problem mit der Abnabelung liegt ja meiner Meinung nach vor allem bei uns Eltern, weil wir nicht wissen, wie man loslässt. Die Kinder ziehen ihre Befreiungsaktionen durch und wir sind verwirrt, treten auf der Stelle und messen sie immer noch mit den gleichen Maßstäben wie in den Jahren zuvor – was unsere Kinder wiederum mit Recht für völlig abwegig halten. Wir sind stehen geblieben, während sie schon längst weitergerannt sind, und so entsteht in dieser Zeit ungemeines Konfliktpotenzial im eigenen Haus.

Doch dieser Stillstand hat ein Ende, wenn die Kinder flügge sind, wenn sie ihr neues Leben an einem anderen Ort gefunden haben – und die Eltern nicht mehr die Augen davor verschließen können, dass sie es eben nicht mehr mit „ihren Kleinen" zu tun haben. Die Sicht ist wieder ungetrübt. Ich habe gelernt, mit einem neuen Blick auf meine Söhne zu

73

sehen. Und das gilt auch andersrum. Die Schieflage hat sich normalisiert, die Wippe hat sich in der Balance eingependelt – sodass sich Eltern und Kinder wieder auf einer Ebene begegnen können. Plötzlich kann man wieder Gemeinsamkeiten entdecken, hat eine andere Gesprächskultur entwickelt, mehr miteinander als gegeneinander.

Wenn die Jungs jetzt heimkommen, herrscht eine durchgehend lockere Atmosphäre. Natürlich besuchen sie ihre Heimat und ihre Freunde aus der Schulzeit, aber eben auch mich und sie fragen mit ehrlichem Interesse, wie es mir geht so ganz allein daheim. Früher war ich vor allem Mama. Meine Arme waren immer geöffnet, ich hatte stets ein offenes Ohr, war der sichere Hafen. Ich bin all das weiter für sie, aber sie brauchen mich nicht mehr für ihr tägliches Leben. Das meistern sie allein. Unsere Beziehung hat eine neue Dimension erreicht, immer noch vollkommen vertraut und innig, aber doch auf Augenhöhe. Sie freuen sich auf die Zeit mit mir – und sagen das auch.

LEIDENSCHAFTEN LEBEN

Meine Söhne kommen zwar jetzt nur noch zu bestimmten Anlässen nach Hause, aber das ist okay. Ich zelebriere diese Gelegenheiten eben jetzt besonders, wenn wir drei wieder alle Zeit der Welt haben – und genieße die viele Zeit dazwischen.

Und dann freue ich mich wieder, wenn meine Jungs nach Hause kommen. An Weihnachten zum Beispiel. Wie meine Nachbarn in Miami schmücke ich schon im November den Weihnachtsbaum im Wohnzimmer mit dem wunderschönen Schmuck aus dem Erzgebirge, den mir meine Mutter geschenkt hat. Dass mein Baum zudem noch amerikanisch blinkt und funkelt und draußen neben dem Pool aufblasbare beleuchtete Rentiere und Schneemänner stehen, mag sich nach einem ziemlichen Stilmischmasch anhören, aber genau das liebe ich.

Und was das Essen angeht: Hier unter Palmen hat niemand Lust auf eine schwere Gans oder Ente mit Knödeln. Das passt einfach nicht zu fast dreißig Grad im Schatten. Ein einziges Mal hatten sich die Kinder eine Ente als Reminiszenz an ihre deutsche Heimat gewünscht, aber meine Familie liebt einfach die Abwechslung.

Worauf wir nicht verzichten können und auch nicht müssen, sind die köstlichen Weihnachtsplätzchen von meiner Mama. Sie ist immer bei uns über die Feiertage und backt praktisch ununterbrochen, weil die Keksdosen in Windeseile leer gefuttert sind.

Heiligabend findet bei uns jedes Jahr eine lustige Open-House-Party statt mit viel Musik und noch mehr Essen von Haiti über Kuba, Indien bis Florida: gelebtes Multikulti mit unseren ganzen Freunden. Im Garten steht ein Zelt mit gemütlichen Teppichen und Sitzkissen – mein Ruhepol im täglichen Gewimmel unseres Hauses.

Über Weihnachten ist unser Haus fast die ganze Zeit rappelvoll, dazu kommt ständig Besuch. Alle Nachbarn und Freunde bringen etwas mit und irgendwann steht ein Büffet mit den unterschiedlichsten Köstlichkeiten in der Küche, von dem sich alle bedienen können.

Dieses Jahr ist trotzdem etwas anders, denn Noah chillt nicht wie früher, sondern rührt seit Stunden in Töpfen und Pfannen.

„Dieses Jahr möchte ich einmal kochen", hat seine Ansage gelautet und dann zaubert er tatsächlich eine sensationelle Paella aus Reis und Mahi Mahi. Nie hat mir ein Weihnachtsessen besser geschmeckt!

Woher können unsere Kinder plötzlich alles? Warum lernen sie erst zu kochen, wenn sie nicht mehr zu Hause leben? Nehmen wir Mütter ihnen zu viel ab? Hätte ich ihnen vielleicht schon früher mehr Raum geben sollen, damit sie sich da einbringen können? Ein bisschen hadere ich in diesem Punkt mit mir selbst, dass ich den Fokus früher zu sehr nur auf die Schule gelegt habe. Aber hey! Auch wir Mütter machen Fehler. Kein Grund für eine große Lebenskrise und damit verzeihe ich mir selbst mit einem Lächeln und sage meinem Sohn, wie wunderbar mir sein Essen geschmeckt hat. Noah strahlt.

Weihnachten schenkt Elias seinem Bruder ein selbst gestaltetes Puzzle aus eigenen Fotos und damit sind alle die nächsten Tage beschäftigt. Wir sitzen am Wohnzimmertisch und puzzeln. Das ist wie Meditation.

Am nächsten Tag fahnde ich im ganzen Haus nach Elias und überlege gerade, ob er schon zum Basketballspielen abgehauen ist. Hätte er früher wahrscheinlich gemacht, doch als ich mit meinem Hund Lucy im Garten stehe, höre ich leises Gemurmel aus dem Zelt. Da sitzt er mit seinen Freunden und jeder berichtet, wie es ihm ergeht, in der Welt da draußen. Jahrelang haben sie sich weggewünscht, wollten erwachsen sein, ihr eigenes Ding machen. Jetzt gehen sie ihren Weg.

Zwei Tage nach Weihnachten komme ich in die Küche und traue schon wieder meinen Augen nicht. Elias sitzt an dem langen Holztisch und hat um sich einen Berg Bücher, jede Menge Textmarker und vier To-do-Listen liegen. Bücher? Listen? Im Ernst jetzt?

Sein Laptop ist auch offen. Ungläubig frage ich nach: „Ähm. Was machst du denn da? Hast du nicht Ferien? Du wirst doch jetzt nicht freiwillig lernen?"

Mein Sohn schaut nur kurz auf: „Mama. Was meinst du denn? Ich bereite mich vor. Ich bekomme gleich einen Videoanruf von meinem Studienberater. Gleich nach den Ferien sind Prüfungen."

Okay, okay. Ich verstehe schon. Leise schleiche ich aus der Küche und gehe in den Garten. Ich habe in meinem Leben noch nie so viele Listen mit derart vielen Aufgaben gesehen, und ich bin die Königin im Listenschreiben.

Wie aufs Stichwort meldet sich Christiane bei mir, um mir frohe Weihnachten zu wünschen. Auch ihr Sohn ist gerade daheim und wir gestehen uns, wie sehr wir das genießen. Es ist schön, dass wir uns voreinander nicht verstellen müssen. Wir verstehen die Gefühle der anderen nur zu gut, denn wir sitzen seit Monaten im gleichen Film – auch wenn die Leinwände auf zwei Kontinenten stehen. Christianes Theorie zum Thema Lernen lautet übrigens, dass wir Mütter unsere Kinder erst loslassen müssen, damit sie alles entfalten können, was in ihnen steckt. Aber auch bei ihr stand über Jahre hinweg eine ganz andere Art des Lernens im Mittelpunkt und wie ich hatte sie in Sachen Schulabschluss unserer Sprösslinge so einige Befürchtungen … na, ist ja alles gut gegangen.

Trotzdem bin ich der Meinung, dass die Kinder in der Schule mit einigem Wissen vollgestopft werden, das sie für ihre persönliche Weiterentwicklung später nicht unbedingt brauchen.

„Na klar! Muss ja sein", ist Christiane überzeugt. „Irgendwann sollte man auch mal was über Mathe und Physik gehört haben. Ich würde das jetzt gar nicht mehr verstehen", schmunzelt sie. Und dann lachen wir beide und freuen uns, dass die Schule nicht mehr unser Leben bestimmt. Dass es jetzt darum geht herauszufinden, was in unserem Leben Sinn macht. Denn unsere Kinder haben bereits gefunden, was sie absolut freiwillig und voller Leidenschaft machen wollen. Wenn Noah in seinem Atelier an einer neuen Ausstellung arbeitet, malt er zum Teil zwölf Stunden am Stück. Er vergisst die Zeit, bis sein Bild seinem eigenen Anspruch und seiner Vision genügt. Dass er dafür stundenlang auf dem Boden kniet, weil die Bilder ja so groß sind, ist ihm egal.

Doch was sind unsere Leidenschaften? Christianes und meine?

Für Christiane gab es immer nur eine große Leidenschaft in ihrem Leben, gesteht sie mir, als wir telefonieren.

„Schon in der zweiten Klasse wurde mein Aufsatz *Gedanken einer alten Lok* vor der ganzen Schule vorgelesen."

Das alte Schulheft liegt immer noch bei ihr im Keller, verrät sie mir weiter. In der Pubertät hat sie Bücher regelrecht verschlungen, verkroch sich stundenlang in ihrem Zimmer. Wenn die Beschreibung „Bücherwurm" auf jemanden zutrifft, dann auf meine Freundin. *Es ist eigentlich schade, dass sie in ihrem Job immer nur relativ kurze Texte schreibt,* überlege ich. Sie sollte endlich mal ein Buch schreiben.

„Davon träume ich schon seit Jahren", sagt Christiane am Telefon. Und dann wiederholt sie ihren Standardsatz aus den letzten zwanzig Jahren: „Wann soll ich das denn machen? Dazu fehlt mir wirklich die Zeit."

So ein Quatsch. Als ihre Freundin rücke ich ihr den Kopf zurecht und sage: „Das will ich nicht mehr hören! Du hast jede Menge Zeit. Keine Ausreden mehr! Schreibe einen Liebesroman oder einen Krimi, aber mach es! Es ist jetzt an der Zeit, unsere Träume zu leben. Uns selbst unsere Wünsche zu erfüllen, die wir immer auf irgendwann ins Nirgendwo verschoben haben. Die Kinder leben ihre Träume und wir dürfen das jetzt auch!"

Und was mache ich? Ich setze mich in mein Zelt, schließe die Augen und atme tief ein und tief aus …

WAS SOLL'S?

Natürlich möchte ich genau wissen, wie es Elias in London geht, und kann ihn zu einem Spaziergang überreden. Ich habe früh angefangen, mit den Kindern um den Block zu laufen. Darauf hatten sie früher überhaupt keine Lust, aber das war einer der Punkte, in denen ich hartnäckig blieb. Denn ich habe festgestellt, dass das Laufen selbst unangenehme Gespräche leichter macht. Man sitzt sich nicht quasi mit dem Messer in der Hand am Tisch gegenüber, sondern ist gemeinsam aktiv und redet dabei ein wenig. Auf diese Art habe ich den Jungs so manches Geständnis entlockt. Wer mal versucht hat, einen Jugendlichen zu einem ernsthaften Dialog zu überreden, weiß, was ich meine.

Die Zeiten, in denen Elias die Augen verdreht hat, wenn ich mit ihm eine Runde laufen wollte, sind zum Glück vorbei. Wir gehen gemütlich und reden ganz entspannt dabei. Und dann merke ich, dass sich bei ihm in den letzten Monaten ziemlich viel verändert hat. Er hat gelernt, eine andere Meinung gelten zu lassen, die nicht seine ist, und versucht nicht mehr, seinen Gesprächspartner mit aller Macht zu überzeugen. Ich war ja schon immer der Meinung, dass man es auch mal gut sein lassen kann, wenn man weiß, dass eine Diskussion sowieso zu nichts führt, bevor man sich den ganzen Tag versaut. Und das hat er jetzt auch ganz easy drauf. Tja, die Welt da draußen hat ihre eigenen Gesetze und die lernen die Jungs jetzt. Da gibt es Professoren, Kollegen, neue Freunde und viele verschiedene Meinungen und Ansichten. Nicht nur die von Mama, gegen die man rebellieren muss.

Wir wollen nachschauen, ob meine Lieblingspalme noch steht, die über viele Jahre für uns ein wichtiger Anlaufpunkt war. Doch als wir um die Ecke kommen, steht da nur noch ein Baumstumpf. Der letzte Hurrikan hat sie leider erwischt, aber mit solchen Naturgewalten muss man klarkommen, wenn man in Florida wohnt. So modern dieses Land ist, so anfällig sind manchmal Dinge, die in Deutschland total selbstverständlich funktionieren.

Wie aufs Stichwort haben wir am gleichen Abend Stromausfall. Nicht nur in unserer Straße, sondern auf der ganzen Insel. Totaler Blackout. Noch einmal flackert das Licht kurz auf, doch nein. Danach herrscht Dunkelheit um uns herum. In solchen Situationen laufe ich zur Höchstform auf. Ich muss nicht nachdenken, sondern rase in die Kammer hinter der Küche. Stirnlampe drauf, drei große Akkulampen angeschaltet, eine in der Küche aufgestellt, und schon sind wir unabhängig vom offiziellen Stromnetz. Wenn es richtig hart auf hart kommt, schauen immer noch alle auf mich. Ich würde meine ganze Wahlfamilie rechtzeitig auf die Arche Noah kriegen, wenn es drauf ankäme. Und Werkzeug hätten wir auch noch dabei. Deswegen wird auch beim Stromausfall keiner hektisch. Alle verlassen sich drauf, dass wir nicht im Dunkeln sitzen – so ist es ja auch. Zwei Stunden später ist der Spuk vorbei und ich verstaue die Akkulampen wieder in der Kammer.

Drei Tage später wache ich mitten in der Nacht auf, weil ich über meinem Bett schwebe. Nein, ich träume nicht. Ich schaue auf meine Uhr: drei. Und schon wieder hebt es mich nach oben, weil sich die Schwingungen durch das ganze Haus übertragen.

Das sind Bässe, sehr laute Bässe.

Und Trommeln. Sehr laute Trommeln.

Musik? Noah! In meinem Pyjama tapse ich nach unten ins Wohnzimmer und sehe mich einer Partyszene wie aus einem Film gegenüber. Mein Sohn und seine Freunde sind völlig versunken in ihre Musik. Noah überragt alle mit seiner hohen Lockenfrisur, um ihn herum einige Jungs ebenfalls mit dunklen Locken, die aber eine Ecke kleiner sind und dadurch wie seine Kinder wirken. Dazu tanzen unglaublich schöne Mädchen mit perfekten Yogabodys durch mein Haus.

Drehen die hier einen Film und keiner hat mir was gesagt?

So im Halbschlaf begreife ich nicht gleich, was ich da sehe. Aber langsam dämmert mir, dass Noah und seine Band einfach proben. Ja, es ist spät, aber mein Sohn und seine Freunde scheinen jedes Zeitgefühl vergessen zu haben. Ich gähne und denke: *Was soll's?* Solange sich die Nachbarn nicht beschweren, mache ich jetzt nicht auf unentspannte Mutter und beende die nächtliche Jamsession. Natürlich sind wir in Miami und nicht in Berlin, wo es keine Sperrstunde gibt, aber sei's drum. Ich mische mich nicht ein. Und bis jetzt hat sowieso keiner gemerkt, dass ich hier wie ein Nachtgespenst auf der Treppe stehe.

Ich schleiche also wieder nach oben, setze mir Kopfhörer auf und versuche wieder einzuschlafen. Als ich mich so hin und her wälze, denke ich: *Ich wollte doch immer, dass die Kinder lieber bei mir feiern als woanders!* Und so oft habe ich das ja jetzt nicht mehr. Also bin ich jetzt bestimmt nicht die Spielverderberin. Ich werde wieder durchschlafen, wenn die Kinder weg sind.

Dann kehrt wieder Ruhe ein – zu viel Ruhe, stöhne ich innerlich und wälze mich auf die andere Seite.

Du weißt auch nicht, was du willst, sagt meine innere Stimme.

Wird schon noch, beruhige ich mich selbst. Ich muss mich eben noch an alles gewöhnen, was neu ist. Aber ich schaffe das. Mit diesem Gedanken schlafe ich ein und am nächsten Morgen ist das Haus wie von Zauberhand verlassen, als hätte ich das alles nur geträumt.

GELEBTE LIEBE

„Was machen wir eigentlich Silvester?", fragen mich meine Freundinnen Jen und Heather kurz nach den Feiertagen. Auf Party haben wir alle keine Lust. Wir entscheiden uns für einen meditativen Silvesterabend. Gemeinsam mit ein paar weiteren Freunden essen wir gemütlich und gehen dann runter in mein Zelt, das mit Kissen und Polstern wie ein Beduinenzelt ausgestattet ist. Da sitzen wir dann, zehn Erwachsene in weißen Outfits als Symbol für das unschuldige neue Jahr, dem wir entgegengehen. Jeder erzählt von seinen Hoffnungen und von seinen Träumen. Und so verbringen wir die Zeit gemeinsam, verabschieden uns in Dankbarkeit vom alten Jahr und wollen das neue mit weißen Blüten begrüßen. Wir nehmen uns die Zeit, einander zuzuhören, niemand unterbricht den anderen. Selten hatte ich so ein entspanntes Silvester. Auf einmal zerreißen laute Rufe die Stille, die uns umgibt. „Mama!" Unsere Mutterherzen explodieren praktisch synchron. „War das Elias? Oder Lucas?"

Und dann stürmen sie ins Zelt, unsere Jungs. Erzählen uns atemlos, dass sie auf einer coolen Party waren, aber die letzte halbe Stunde des alten Jahres lieber mit uns verbringen wollen. Ist das zu fassen?

Ich küsse mein Kind wieder und wieder und sage ihm, wie sehr ich ihn liebe und wie stolz ich auf ihn bin. Und dann stehen wir alle mit den Champagnergläsern am Ufer, blicken über die Bucht von Miami und zählen gemeinsam runter, bis von allen Seiten das Feuerwerk explodiert. Wir werfen nicht ganz so meditativ entspannt wie geplant, aber vollgepumpt mit Glücksgefühlen unsere weißen Blüten ins Wasser und lassen die Blumen mit unseren Wünschen in den weiten dunklen Ozean schwimmen.

Fünf Minuten später sind die Jungs wieder verschwunden – zurück zu ihrer Party. Und wir Mütter schauen uns zum ersten Mal wieder an, als würden wir aus einem Traum erwachen. Das neue Jahr hat für uns mit einem großen Flash gelebter Liebe begonnen. Etwas Schöneres kann es nicht geben.

Ein paar Tage später ist er dann da, der neuerliche Moment des Abschieds. Die Kinder fahren zurück nach Europa und ich bleibe allein zurück in unserem Haus. Aus dem Flugzeug meldet sich Elias noch einmal. Ein letztes „Bis bald". Und „I love you". Wir haben beide eine kleine Träne im Augenwinkel, aber da ist kein riesengroßer Schmerz mehr. Wir sehen uns ja bald wieder, wenn ich die Kinder in Europa besuche. Zeit ist relativ, wie wir alle wissen. Also breite ich die gemeinsamen Wochen in meinem Inneren so weit aus, dass ich noch lange davon zehren kann.

Christiane | München

Urlaubs-freuden

ch sitze daheim auf der Couch, unser Hund kuschelt sich eng an mich und ich denke an die Szene am Flughafen. Ich habe gewunken und gelacht, als würde ich mich genauso freuen wie er. Totaler Fake, aber überlebenswichtig für unsere aktuelle Mutter-Sohn-Beziehung.

Neulich hat mir eine Freundin gestanden, dass ihr jedes Mal die Tränen über das Gesicht laufen, wenn sie ihren Sohn zum Flughafen bringt. Der junge Mann ist zweiundzwanzig und ebenfalls gerne unterwegs in der großen weiten Welt. Es passiert also regelmäßig.

Zuletzt meinte ihr Sohn dann: „Warum weinst du eigentlich, wenn ich wegfahre? Vermisst du mich wirklich so sehr oder beweinst du einfach den Verlust des Mutterseins?"

Hm. Es ist wahrscheinlich so eine Mischung aus beidem, die uns in solchen Situationen beutelt. Wir Mütter erwachsener Kinder sind noch fest gefangen in den alten Mustern, fühlen uns verantwortlich für unsere Kleinen, die längst groß sind und eigene Wege gehen. Und so werden wir zum Problem, wir Zuhausebleiber. Die Kinder haben ihr Leben geändert, rennen in die Welt und wir bleiben für immer auf der alten Couch sitzen, auf der wir jahrelang mit ihnen gekuschelt haben.

Für immer?

Das ist doch eigentlich total absurd, weise ich mich selbst zurecht und setze mich an meinen Computer. Wie in meinen alten Studententagen recherchiere ich, was die moderne Forschung zur Überwindung von Krisen sagt, und finde den Begriff Selbstfürsorge. Allein das Wort mag ich schon. Dabei geht es darum, die eigenen Grenzen zu akzeptieren, Stress bewusst zu reduzieren und neue Kraftquellen zu erschließen. Möglicherweise bin ich ja bereits auf dem richtigen Weg, denn meine Kraftquellen sind neben den vielen Gesprächen mit meinen Freundinnen inzwischen ganz klar die Waldspaziergänge, das Yoga und die Trainingsstunden auf dem Pilates-Reformer, die ich überhaupt nicht mehr missen möchte …

Schön finde ich auch den Gedanken, dass man mit einer schwierigen Situation besser zurechtkommt, wenn man einen Sinn darin finden kann. Und im Grunde verwirklicht sich in meiner aktuellen Situation ja der zentrale Sinn meines Mutterdaseins: Ich habe meinen Sohn großgezogen, damit er als starker Erwachsener seinen eigenen Weg gehen kann. Diese Erkenntnis muss jetzt nur noch von meinem Gehirn in mein Herz rutschen und deswegen sage ich mir wie ein Mantra: „Lass ihn los! Er kann längst fliegen!" Klingt vielleicht komisch, aber mir hilft das. So ganz bin ich noch nicht in der psychischen Balance, aber ich schaffe es, in diesem Moment auf der Couch den körperlichen Schmerz des Verlustes wegzuatmen. Und irgendwie gelingt es mir, mich aus tiefstem Herzen für ihn zu freuen. Mein Sohn ist auf dem Weg in sein Traumland. Hoffentlich kann das seinen Erwartungen standhalten.

MAMA ALLEIN ZU HAUS

Am nächsten Morgen weckt mich eine WhatsApp aus Tokio. „Ich bin da und frühstücke zum ersten Mal auf Japanisch. Misosuppe mit Tofu. Dazu grüner Tee."
Na, damit könnte man mich ja einmal um das Dorf jagen, aber es geht ja nicht um mich. Er findet es mega. Was sonst? Die zweite WhatsApp kommt eine Minute später: „Der Typ neben mir schlürft seine Suppe ganz schön laut. Also daran muss ich mich noch gewöhnen."
Haha, mein Sohn! Du wolltest es ja nicht anders.
Nach einer halben Weltreise von über zwanzig Stunden landet er schließlich völlig fertig und mit knallroten Augen (Fotobeweis!) in Sapporo, wird von einem Fahrer der Sprachschule abgeholt und zu einem kleinen Haus gebracht, wo er die nächsten Monate in einer WG leben wird. Seine Bilder zeigen ein spartanisch eingerichtetes Zimmer, ein Futon auf dem Boden, ein kleiner Tisch, ein schmaler Schrank und eine Heizung. Es ist offenbar saukalt dort in Hokkaido. Fünfzehn Grad minus und Schnee ohne Ende.
„Meine Mitbewohner sagen, dass es hier jeden Tag schneit und der Himmel fast immer grau ist." Na großartig, aber wie gesagt: Er wollte es ja nicht anders.

Die nächsten Tage bekomme ich Bilder aus einem japanischen Einkaufszentrum, von eisigen Straßenschluchten, japanischem Essen und wenig später auch die ersten Fotos mit neuen Freunden aus Indien, Australien, Amerika und Korea, die mit Nicholas in der Sprachschule sind. Mittendrin mein Kind mit einem breiten Grinsen im Gesicht. Er ist im Land seiner Träume und möchte alles über die Kultur lernen, die ihn so fasziniert.

Von mir bekommt er lauter positive Botschaften von „wie super" bis „total cool". Manchmal frage ich auch nach, was denn da auf seinem Teller liegt, werde mit Namen japanischer Gerichte überschüttet und oft dem Zusatz: „Würdest du nicht essen, Mama." Okay.

Es geht ihm gut. Kein Grund zur Sorge. Trotzdem erwische ich mich, wie ich immer wieder zufällig in seinem Zimmer sitze und seinem Geruch nachspüre. Denn mir geht es nicht ganz so gut wie meinem Kind. In meiner Einsamkeit rufe ich Petra an und schieße gleich los: „Hey, hast du Lust auf einen Kaffee?" „Klar, nächste Woche in der Mittagspause gerne", antwortet sie und fügt hinzu: „Ich merke schon, dass es dir nicht so gut geht, und würde dich gerne besuchen, aber Alexander hat morgen eine Prüfung und wir müssen noch lernen. Kennst du ja."

Ja, kenne ich. Ihr Sohn ist zwölf, da gelten noch andere Regeln. Also plaudern wir nur ein bisschen und plötzlich fragt sie mittendrin: „Heizt du eigentlich noch das Zimmer von Nicholas?" Ich stutze kurz. „Warum sollte ich denn nicht?", frage ich zurück. „Na, lohnt sich doch nicht. Er kommt doch jetzt ewig nicht nach Hause und wird sicher nie wieder ganz bei euch einziehen, wie ich ihn einschätze und kenne."

Petra kennt Nicholas bereits seit den langen Spaziergängen in der Mittagspause, die sie mit mir gemacht hat, als ich schwanger war. Sie war bei der Taufe dabei, wusste um seine Schulprobleme – meine Klagen darüber musste sie sich schließlich oft genug von mir anhören. Auch in der Mittagspause. Insofern trifft mich ihre Frage ins Herz. Denn sie hat recht – und leicht reden. Noch sechs lange Schuljahre liegen vor ihr und wie ich ihren Sohn Alexander kenne, wird er danach lieber in München studieren als im Ausland.

Also, warum heize ich das Zimmer noch? Das ist wirklich so, als würde ich damit rechnen, dass mein Sohn jederzeit zurückkommt. Zudem stehen überall noch Sachen von ihm im Zimmer und an der Wand hängt eine Fotocollage aus der Kinderzeit. Ich habe keinen Schrein errichtet wie eine Freundin, die mir das neulich gebeichtet hat. Ihr Mann darf oder will das ehemalige Kinderzimmer nicht betreten, weil er die Nummer etwas schräg findet: kleine Inseln vollgestopft mit Erinnerungen, Sideboards mit Fotos, Schneekugeln und anderem Schnickschnack von Urlaubsreisen mit den Kindern. Eine Bruthöhle für Herzschmerz und kein Vergleich zu Nicholas' Zimmer – aber dennoch …

Spinnen wir Eltern ein bisschen, wenn die Kinder ausziehen? Anscheinend gibt es zwei extreme Varianten, wie man mit dem Empty Nest umgehen kann. Barbaras Freunde Claudia und Peter, die wie ich in München wohnen, haben nach dem Auszug ihrer beiden Söhne absolut Tabula rasa gemacht. So nach dem Motto: Weg ist weg und kommt nicht wieder. War aber nicht einfach, wie Claudia vor Kurzem erzählte, als wir bei Barbaras letztem Münchenbesuch in der Lobby ihres Hotels vor dem Kamin saßen und über unsere Kinder sprachen: „Unsere Söhne sind zusammen nach Düsseldorf gezogen und haben am Umzugstag ihre Zimmer für ihre erste eigene Wohnung komplett ausgeräumt. Der Tag war total anstrengend und eigentlich auch lustig, aber als wir dann nach Hause kamen und diese völlig kahlen Zimmer sahen, in denen es hallte, waren mein Mann und ich geschockt. Es war so, als hätte uns jemand mit dem Hammer auf den Kopf gehauen. Eben hatten wir noch zwei Jungs hier zu Hause und auf einmal waren wir allein. Wir waren unfassbar traurig, konnten aber nicht wirklich miteinander darüber reden. Und dann starb kurz drauf noch unser Hund – an Herzschmerz über diesen großen Verlust, wie wir beide überzeugt waren." An dieser Stelle ihrer Erzählung bekam ich Schnappatmung, aber mich beruhigte ein bisschen, dass beide diese große Krise anscheinend überwunden haben und noch immer verheiratet sind. „Glücklich", wie sie lachend betonten.

Wie sie das geschafft haben, ohne sich gegenseitig umzubringen? „Zwei Schlafzimmer", grinste Claudia. „Ich habe jahrelang das Schnarchen meines Mannes ertragen, aber jetzt haben wir genug Platz und jeder hat sein eigenes Zimmer. Wir besuchen uns jetzt gegenseitig und im Zweifelsfall kann der Besuch wieder in sein Bett gehen und hat seine Ruhe. Außerdem hat Peter jetzt das Musikzimmer, das er sich immer gewünscht hat. Der erste Schock war groß, aber dann haben wir es als Chance gesehen, unsere Wohnung nur für unsere Bedürfnisse zu gestalten, und diese Veränderungen haben auch unsere Beziehung auf ein neues, entspanntes Level gehoben."

NEUE PERSPEKTIVEN

Ich sitze immer noch im Zimmer von Nicholas und überlege so ganz vorsichtig, was ich ändern könnte, damit aus seinem Bereich mein neues Schreibzimmer wird. Denn meine Leidenschaft, Gedanken in Worte zu fassen, ist eines der Dinge, die die Leere in mir füllt. Zum Glück habe ich meinen Beruf, den ich sehr liebe. Wenn ich interessante Gespräche mit meinen Interviewpartnern führe, lenkt mich das super ab und das Schreiben hinterher macht mir auch nach dreißig Jahren im Journalismus noch riesigen Spaß. Ein langweiliger Job wäre jetzt echt die Hölle. Auch in den täglichen Konferenzen muss man immer hellwach sein, denn jedes Thema kann einen selbst betreffen.
Gern bleibe ich jetzt auch mal länger im Büro, denn ich muss nicht nach Hause, um etwas zu kochen. Muss ich überhaupt noch kochen? Das könnte ich mir eigentlich ganz sparen.
Eine Diät jetzt zum Jahresbeginn ist doch sowieso ganz schön. Also lasse ich das jetzt mal eine Zeit lang mit den ständigen Supermarktbesuchen, der Kühlschrank bleibt leer. Kokosjoghurt und ein paar Avocados reichen doch auch. Dazu ein bisschen Obst. Passt. Ein völlig neues Gefühl für mich, denn die letzten achtzehn Jahre quoll der Kühlschrank immer über. Was das gekostet hat!

Ich spare jetzt ja richtig viel Geld, versuche ich, mich selbst positiv zu konditionieren. Mal ganz abgesehen davon, dass ich mich ohne zu viel Fleisch leichter fühle, gesünder, fitter. Das leckere Leberwurstbrot meiner Kindheit kann mich nicht mehr locken. Komisch, wie man sich im Laufe seines Lebens verändert, sich immer wieder neu erfindet. Nicht nur in seinen Ernährungsgewohnheiten, aber auch, gesundes Essen ist für mich inzwischen eine Lebenseinstellung. Ich merke, dass ich nicht mehr so müde aussehe wie früher, dass ich mehr Power habe. Wie heißt es so schön: Du bist, was du isst. Barbara hält mir dazu am Telefon einen längeren Vortrag über Nahrungsergänzungsmittel und Vitamine und ich lasse mir von meiner Ärztin Vitamin D, B12 und Eisen verschreiben. Viel hilft viel, oder?

Mein Mann wundert sich kurz über meinen Gesundheitstrip und den leeren Kühlschrank – und fängt dann an, seinen Lieblingsjoghurt selbst zu kaufen und seine berühmten Rollmöpse. Auch er muss sich umstellen, es fällt ihm aber nicht so schwer wie mir. Doch warum? Wahrscheinlich, weil mein Mann – trotz Ehe, trotz Kind – immer sein eigenes Leben gelebt hat, seine eigenen Prioritäten gesetzt hat. Ich dagegen habe das Gefühl, als wäre fast jeder Bereich meines Lebens eng mit Nicholas verwachsen. Seitdem er weg ist, fühlt es sich an, als hätte man mir einen Teil meiner selbst weggenommen. Es wird Zeit brauchen, bis das wieder nachgewachsen ist, aber ich bin dran …

Matthias dagegen scheint solche Schmerzen nicht zu kennen und kann sich einfach nur freuen: „Nicholas hat die Zeit seines Lebens. Das ist doch toll für ihn."

Dann widmet er sich wieder dem, was ein Mann so tut.

Manchmal erwische ich mich dabei, wie ich in den Fernseher starre und keinen Plan habe, wer da eigentlich wen in dem Krimi abgestochen hat. Und wenn ich den Fernseher ausschalte, ist es noch schlimmer. Wie kann ein Haus nur so still sein? Keiner poltert über die Treppe, keiner ruft nach mir oder braucht mich für irgendetwas. Nur meine süße Hundedame Aylin zum Gassigehen, aber die sendet auch nur stumme Blicke, wenn es drückt.

Diese plötzliche Ruhe ist wirklich zum Verrücktwerden und nie hätte ich gedacht, dass mich das mal so fertigmachen würde. Was habe ich früher erleichtert aufgeseufzt, wenn die Jungshorde lautstark von dannen gezogen ist und endlich mal zwei Stunden Ruhe eingekehrt ist! Aber diese Dauerruhe macht mich fertig.

Ich versuche, meinen Mann zu einem Tangokurs zu überreden, aber er winkt nur ab und eigentlich hat er recht. Er kann wirklich überhaupt nicht tanzen und so ein Kurs wäre die pure Quälerei für ihn – und für meine armen Füße.

Dann doch lieber arbeiten – und jetzt kann ich endlich auch mal zwei oder drei Termine am Stück in Berlin wahrnehmen und entspannt in der Hauptstadt übernachten, ohne gleich wieder nach Hause zu hetzen. Ich gewöhne mich langsam an einen neuen Rhythmus und genieße diese Freiheiten, die ich als arbeitende Mutter nicht hatte.

Ich melde mich bei meiner Berliner Freundin Anja, mit der ich im Sommer ja auch in den Urlaub fahren will – eine Aussicht, die mich immer noch mit Vorfreude erfüllt: „Hast du heute Abend noch Zeit für einen Drink? Ich bin in der Stadt."

Anja stutzt kurz und lacht dann: „Ach, na klar. Dein Kind ist ja unterwegs und du musst nicht mehr abends heimrasen. Ist doch cool. Ich freu mich total. Das konnten wir früher nie machen."

Ich besuche auch wieder mehr Abendveranstaltungen und Galas, die ich in den letzten Jahren oft abgesagt habe – ich habe mich in der Regel auf die ganz großen Events beschränkt. Meine Freundin Kiki Kuhnert, Gründerin von „Dolphin Aid", ruft mich an und sagt streng: „Also, Christiane. Dieses Jahr hast du keine Ausrede, du kommst zu unserer jährlichen Spendengala. Dein Kind ist nicht da und bevor du am Freitagabend wieder traurig auf dem Sofa hockst, sichere ich dir einen Platz an meinem Ehrentisch. Ach, und Barbara ist auch da."

„Ist ja wohl Ehrensache", sage ich zu Kiki und das meine ich auch genau so. Es wird ein lustiger Abend, obwohl ich eigentlich total geschafft von der Woche bin. An dem Abend lerne ich auch eine enge Freundin von Kiki kennen, die ihr in ihrer größten Lebenskrise sehr geholfen hat:

Patricia Saint Clair. Blond, durchtrainiert, Strahlelächeln und ein spiritueller Coach. Ich finde sie unglaublich sympathisch und deswegen tauschen wir am Ende der Party unsere Kontaktdaten aus. „Schau dir doch auf Facebook bei Gelegenheit mal an, was ich so mache", sagt sie zum Abschied. Und das verspreche ich.

Solche fröhlichen Begegnungen sammle ich und merke, dass ich allmählich entschleunige, wenn ich nicht ständig auf die Uhr sehen muss, um noch rechtzeitig zum Abendessen heimzukommen. Ich gehe spontan mit meiner langjährigen Kollegin und Freundin Celia ins Kino, schaue mir einen romantischen Liebesfilm an, bei dem wir um die Wette heulen, um dann über uns selbst zu lachen, als wir aus dem Kinosaal schleichen. Es hat uns ja keiner gesehen und unter uns Frauen darf man auch mal ob einer verlorenen Leinwandliebe ins Taschentuch schniefen. Man fühlt sich hinterher wie gereinigt, erleichtert, dass es einen nicht selbst getroffen hat.

Mit Mann und Kind war ich auch immer viel im Kino, aber in so einen Film hätte ich die beiden nie gekriegt. Da musste schon Action geboten sein oder Sciencefiction oder am besten beides. Na, solche Kinoregeln gelten ja jetzt nicht mehr. Celia und ich verabreden uns gleich für den nächsten „Schlonzfilm", wie wir unsere gemeinsame Leidenschaft nennen …

Celia ist schon Großmama, aber noch immer ein Sportfreak und geht jeden Morgen joggen. Ein einziges Mal habe ich mich von ihr überreden lassen, mit ihr an der Isar zu laufen. Es ist unschön, das zuzugeben, aber ich war ein kompletter Totalausfall. Keine Luft, keine Ausdauer, kein gar nichts. Celia hat mich nie wieder gefragt, aber jetzt ist ja Slow Jogging im Trend und – hey – das ist genau mein Ding! Nachdem Nicholas weg ist, versuche ich mich daran – sehr zur Freude meiner Hundedame. Nicht die Schnelligkeit zählt, sondern die Anzahl der Schritte, die Ausdauer (mindestens 30 Minuten) und die Konstanz (mindestens dreimal die Woche). Das kriege ich alles locker hin und die Aussicht auf sechs Jahre mehr Lebenserwartung, die einem von den Ärzten versprochen wird, spornt mich noch mehr an.

So überstehe ich die ersten kinderfreien Monate und versuche, mich in der ungewohnten Lebenssituation positiv zu konditionieren. Die neue große Überschrift meines Lebens lautet: „Genieße die neue Freiheit! Mach Party!" Wie sagen die Amis so schön: „I do my very best", ich gehe aus, ich verabrede mich, aber so ganz kann ich meine alten Muster nicht ablegen. Richtig schlimm sind weiterhin die Wochenenden, die früher mit Freunden von Nicholas, gemeinsamen Essen in großer Runde und Lernen vollgestopft waren. Da gähnt mich jetzt wirklich die große Leere an.

Trotz der Entfernung ist mir mein Sohn nahe, das merke ich immer wieder. Das enge Band, das wir in der Kindheit geknüpft haben, hält auch über die Entfernung von Tausenden Kilometern. Aber wegen der Zeitverschiebung kann ich ihn nicht einfach anrufen, wenn mir danach zumute ist. Was ich sowieso schon lange nicht mehr tue. Denn sein erwachsenes Kind einfach so aus Sehnsuchtsgründen anzurufen, kann einen manchmal auch nicht fröhlicher machen. Es gab schon Drei-Sekunden-Gespräche, die so verliefen: „Ich hab grad keine Zeit. Melde mich." Zack und aus, ehe man noch selbst antworten kann. Jetzt nur nicht beleidigt sein.

Im Zweifelsfall rufe ich mir in solchen Situationen eine Geschichte ins Gedächtnis, die ich als Studentin mit meiner heiß geliebten Mama erlebt habe. Damals gab es noch keine Handys und man war nur zu erreichen, wenn man daheim war. An einem Sommermorgen fühlte ich, dass eine leichte Grippe im Anmarsch war, und wollte einfach nur Zuspruch von meiner Mutter, mit der ich sehr eng verbunden war. Also rief ich sie in der Früh an und jammerte ins Telefon, wie schlecht es mir gehe und dass ich ja noch so viel für die Uni tun müsse, obwohl ich mich wirklich krank fühle. Jeder kennt solche Telefonate. Man legt auf und fühlt sich sofort besser, nämlich verstanden und getröstet.

Mittags ging es mir schon viel besser. Ich fuhr mit dem Rad in den Englischen Garten, weil es ein herrlicher Sommertag war, und legte mich mit meinen Büchern auf den Rasen. Meine Lieblingsbeschäftigung als Studentin. Danach traf ich mich mit Freunden im Biergarten und kam erst abends wieder zu Hause an – wo ich einen Topf Hühnersuppe und einen langen Brief von meiner Mutter vorfand, in dem sie schrieb, wie enttäuscht sie von mir sei. Sie hatte sich solche Sorgen um mich gemacht. Die lange Fahrt von Bad Reichenhall nach München hatte sie mit meinem Vater auf sich genommen, um bei mir zu sein, und ich war nicht einmal daheim gewesen. Wie konnte das sein? Hatte ich sie etwa angeschwindelt?

Es war tatsächlich der einzige richtige Streit, den ich jemals mit meiner Mama hatte, denn ich wiederum fühlte mich bevormundet und wie ein kleines Kind behandelt, obwohl ich doch längst erwachsen war.

Für mich war das ein Schlüsselerlebnis und ich habe mir damals schon geschworen, dass ich mein Kind später niemals so kontrollieren würde. Klingt in der Theorie einfach, ist in der Praxis trotzdem manchmal schwierig und ich brauche eine Menge Selbstdisziplin dafür.

Zum Glück kommen wirklich viele tolle Geschichten von Nicholas aus Japan. Ich lese seine Nachrichten, betrachte seine Fotos und irgendwann frage ich vorsichtig nach, ob er meint, dass mir Japan auch gut gefallen würde. Die Antwort kommt prompt: „Am besten, du kommst her und wir treffen uns in Tokio, wenn mein Kurs beendet ist. Dann kann ich dir alles zeigen. Das wäre echt toll."

Na, das lasse ich mir nicht zweimal sagen! Obwohl eine kleine Stimme in mir mosert: *Wie bitte? Willst du ihm etwa hinterherfliegen? Lass doch endlich einmal los!* Aber heißt loslassen, dass ich die Beziehung zu meinem Sohn wirklich nur auf ein Minimum reduziere? Die Verbindung kappe? Ich glaube nicht. Ich glaube, es bedeutet, unsere Beziehung auf eine Art und Weise zu gestalten, mit der wir uns beide wohlfühlen. Und wie eng – oder weit – das sein wird, das müssen wir mit der Zeit gemeinsam herausfinden.

Wir stimmen noch kurz das Datum ab und dann buche ich einen Flieger nach Japan. Zum ersten Mal folge ich meinem Sohn in ein fernes Land, das er besser kennt als ich. Ein seltsames Gefühl. Ungewohnt, aber irgendwie auch toll. Ich bin ein bisschen stolz auf meinen Weltenbummler. Unser Verhältnis beginnt sich langsam zu drehen von Mutter-Kind- auf Erwachsenenebene. Auf einmal geht mein Sohn voraus und ich folge. Achtzehn Jahre lang habe ich ihn oft mehr gezogen, manchmal regelrecht geschleift, wenn er einen pubertären Null-Bock-Schub hatte, und jetzt ist da plötzlich ein junger Mann, der mich in seine Welt einlädt. Ich bin gespannt.

Vorerst überrascht mich Nicholas jedoch mit einer neuen Idee. Er will doch tatsächlich ins Kloster.

IMMER MIT DER RUHE

„Was willst du?" *Es ist nur eine Phase,* beruhige ich mich selbst, *er will sich eben ausprobieren.* Aber ein Kloster? Echt jetzt?

„Ja, echt", kommt es aus Japan zurück. In Kyoto gebe es ein Zen-Kloster mit acht Mönchen, die ab und zu ausländische Gäste aufnehmen. Dort habe er sich bereits angemeldet.

Mein Kind dreht durch, es driftet ab in irgendwelche Guruwelten! Hilfe! Vielleicht kommt er *nie mehr* zurück aus Japan, sondern bleibt für immer dort und Weihnachten werde ich dann ganz allein unter dem Tannenbaum sitzen, weil er seine deutsche Familie komplett vergessen hat. Mir wird heiß und kalt gleichzeitig. *Bloß nicht durchdrehen jetzt, sondern die Ruhe bewahren,* rede ich mir gut zu. Ich sitze im Wohnzimmer, schnappe mir mein iPad und google das Kloster.

„Was soll dir das bringen?", frage ich danach vorsichtig bei meinem Sohn nach und ernte eine Erklärung, wie man sie einem nörgelnden Kind geben würde.

„Du weißt doch ganz genau, dass ich in meiner Schulzeit so eine Prüfungsangst hatte. Die möchte ich endlich überwinden und lernen zu meditieren. Ich denke, dass mir das wirklich helfen wird fürs Studium." Ich fühle mich richtig blöd. Ich an seiner Stelle hätte das Thema Prüfungsangst wahrscheinlich weiter verdrängt, aber er will es aktiv angehen. Ganz schön toll. „Ach so", schreibe ich und dann noch: „Das ist eine super Idee. Probiere es aus. Und wenn es dir zu viel wird, kannst du ja einfach wieder abreisen." Super-Weichkeksmutter-Spruch, den Nicholas mit „Ich ziehe das durch" beantwortet. Oh Mann.

Zwei Wochen später kommt eine kurze Nachricht aus Kyoto: „Bin da. Handy erlauben die Mönche nicht. Ich melde mich in ein paar Tagen." Wie? In ein paar Tagen? Das hatten wir noch nie. Ich kann das nicht! Ich will sofort wissen, wie es meinem Kind geht. Haben die da überhaupt Betten? Und Badezimmer? Und Heizung? Es ist ja noch saukalt in Japan.

Mein Mann ist keine Hilfe. Als ich fast am Durchdrehen bin, sagt er nur: „Der packt das schon. Würde ich auch echt gerne mal machen, eine Woche ohne Handy in einem Kloster." Dass ich nicht lache! Mein Mann ist praktisch mit seinem Handy verwachsen und jede E-Mail wird mit einem lauten *Pling* angekündigt, sodass er sofort nachschauen muss, wer ihm jetzt ganz dringend etwas geschickt hat, und sei es die hundertste Spamnachricht.

Früher hatte ich auch bei Nicholas das Gefühl, dass er ohne sein ganzes Technikequipment nicht überleben würde. Was passiert da also gerade in Japan? Selten in meinem Leben habe ich so schlecht geschlafen wie in dieser Woche. Ich habe sogar meine eigenen Regeln über Bord geworfen und ihm mehrere Nachrichten geschickt à la „Wie geht es dir, Schatz?" oder „Ich mache mir solche Sorgen". Was interessiert mich mein Geschwätz von gestern, dass man seine erwachsenen Kinder nicht kontrollieren soll?

Eine Woche kein Ton, kein Foto, kein gar nichts. Das hält kein Mensch und erst recht keine Mutter aus. Ich sitze bis spätabends im Büro, denn die Gelassenheit meines Mannes macht mich kirre. Ich frage mich, wie er das nur schafft. Matthias meditiert weder, noch hat er – im Gegensatz zu mir – beim Yoga die unterschiedlichsten Atemtechniken trainiert. Aber jetzt liegt sein Puls konstant bei siebzig, während mein Herz flattert wie ein ängstliches Vögelchen.

Irgendwann fange ich an, mich über Zen-Buddhismus zu informieren, und erfahre, dass in so einem Kloster ein strenger Tagesablauf gilt. Aufstehen um fünf Uhr, bis sechs Uhr meditieren, dann Frühstück, dann

wieder meditieren, dann beten, dann putzen (Putzen? Mein Sohn?),
dann Mittagessen, dann meditieren, dann beten, dann die Wege fegen
(mein Sohn?), dann das Moos pflegen, dann meditieren, dann beten,
dann Abendessen, dann meditieren, dann schlafen.

Wow.

Das würde ich keinen Tag aushalten.

Wer will so etwas freiwillig machen? Und wozu soll das gut sein? Ach
so. Ja. Meditieren lernen. Zur inneren Ruhe kommen. Lernen, sich zu
konzentrieren, wenn es drauf ankommt. Das ist der Plan, sein Plan. Ich
frage Barbara, was sie von Meditieren hält, und bekomme eine Antwort, die mich nicht überraschen sollte, wo ich sie doch so gut kenne:
„Ich meditiere jeden Tag mit meinen Jungs."

„Häh? Die sind doch gar nicht bei dir?"

„Ja, aber wir haben eine feste Verabredung und da sitzt jeder bei sich,
wir machen die gleiche YouTube-Meditation und sind über Facetime
miteinander verbunden."

Für mich ist das totales Neuland, aber ich bin auch fasziniert. Barbara
schickt mir die hawaiianische Meditation *Ho' oponopono* und sagt: „Das
mache ich gerade hier in Miami mit meinen Freundinnen. Probiere das
doch mal aus."

Kann ja nicht schaden, denke ich und höre mir beim nächsten Wald-
spaziergang die Meditation „Self Love and Radical Forgiveness" an, die
bei mir tatsächlich einen Punkt tief in meinem Herzen berührt.

Es ist Sonntagmorgen, als eine Flut von Fotos und zwei Videos auf meinem Handy aufploppen, und ich sehe mit einem riesengroßen Stoßseufzer, wo mein Sohn die Woche verbracht hat. Ein paar kleine Häus-
chen wie aus dem japanischen Bilderbuch, verteilt in einem
wunderschönen Zen-Garten mit vielen Wegen und Steinen. Sein Zimmer ist sehr schlicht, man könnte auch sagen spartanisch-leer. Das Badezimmer befindet sich im Freien und besteht aus einem Wasserhahn
über einem angeschlagenen Waschbecken. Darauf liegt ein Stück Seife
zum Waschen. Sonst nichts. Und das bei meinem Sohn, der am liebsten zweimal am Tag ausgiebig duscht? Doch sein erstes Fazit klingt

total euphorisch. Zuerst sei es zwar hart gewesen, die Kälte, das frühe Aufstehen, das Schweigen beim Essen, erfahre ich, auch das Beten und Meditieren. „Da hatte ich echt gar keinen Plan", gibt er zu, „aber dann wurde es langsam besser. Ich bin froh, dass ich das gemacht habe."

Wieder einmal frage ich mich, wann das anfängt, dass Kinder einfach so ihren Weg entlangmarschieren und wir Eltern nur noch die Zuschauer sind. Manchmal bewundernd, manchmal zweifelnd und manchmal fassungslos. All das macht er am anderen Ende der Welt freiwillig? Ganz ohne Druck von mir, einem Lehrer oder sonst wem? Als hätte das Bewusstsein, jetzt achtzehn und damit volljährig zu sein, sein Gehirn neu programmiert.

Soll ich mich jetzt freuen oder damit hadern?

Ich entscheide mich für pure Freude und das liegt auch daran, dass ich längst die Entscheidung getroffen habe, mir dieses Land von meinem Sohn zeigen zu lassen. Ich will wissen, wer da immer mehr Schalter in seinem Gehirn auf „Go Future" stellt.

ENDLICH ERWACHSEN!

Ein paar Wochen später fliege ich nach Tokio. Mitten in der Nacht lande ich auf dem Flughafen Tokio-Haneda und nehme mir ein Taxi zu unserem kleinen Hotel im Stadtteil Akasaka, in dem Nicholas schon auf mich wartet. Er grinst, als ich ins Zimmer komme, und sein „Hallo, Mama" löst ein Wärmegefühl in mir aus, das unbeschreiblich ist. Ich umarme mein Kind, das ich so schmerzlich vermisst habe, und bekomme sofort eine erste Einweisung in den japanischen Lebensstil.

Schuhe bitte ordentlich an der Tür aufstellen und nicht im Zimmer damit rumlaufen. Aha. Und die müssen auch in eine bestimmte Richtung zeigen. Noch mal aha. Und überhaupt sind wir Deutschen absolute Hinterwäldler, was die Badkultur angeht, höre ich. In jedem Hotel und auch in jedem noch so kleinen Restaurant gäbe es diese tollen Toiletten mit den beheizten Sitzen und diversen Sprühvorrichtungen für sämtliche Körperöffnungen. Aha. Für japanische Verhältnisse ist unser Zweibettzimmer relativ groß, es gibt sogar einen kleinen Balkon, obwohl wir nur ein Mittelklassehotel gebucht haben. Aber ist eigentlich total egal. Mein Kind und ich in einem Raum. Nur das zählt gerade.

Am nächsten Tag folgen weitere Aha-Erlebnisse, denn als Erstes führt mich Nicholas zur weltberühmten Shibuya-Kreuzung, wo Hunderte Menschen aus allen Richtungen gleichzeitig losrennen. Klar, dass hier mein erstes Tourifoto entsteht.

Von dort geht es dann in die U-Bahn und schon am Eingang begehe ich einen entscheidenden Fehler, denn ich nehme einem lächelnden jungen Mann einen Flyer ab. Nicholas schaut mich nur kurz genervt an und sagt dann: „Du weißt schon, dass du den jetzt den ganzen Tag mit dir rumtragen darfst, denn hier gibt es keine Papierkörbe und auf den Boden werfen kostet richtig viel Strafe." Mist.

Deshalb sehen die Straßen und Wege hier alle wie geschleckt aus, und das in einer Neun-Millionen-Stadt! Ich hatte mich schon gewundert. Ergeben stecke ich den Zettel ein. Das kann ja noch heiter werden.

Mit der U-Bahn fahren wir fünfundvierzig Minuten raus zum Messezentrum und ich lande in einer anderen Welt, einer Comicwelt. Wir sind auf der alljährlichen Anime-Messe gelandet, so was wie das El Dorado aller Fans japanischer Trickfilme. Jede Jungsmutter hatte vermutlich schon mal *Yu-Gi-Oh!*-Karten in der Hand – hier laufen die Figuren live rum, wie ich staunend bemerke.

Wir wandern durch riesige Hallen, die in einer Lautstärke beschallt werden, dass sich in meinem Kopf bereits nach einer halben Stunde ein leichtes Sirren einstellt. *Durchhalten und lächeln*, ermahne ich mich selbst. Ich will ja nicht schon am ersten Tag in Japan die Begeisterung meines Sohnes hinterfragen oder ihn gar nerven. Die Mainstages sind belagert, als würden die Backstreet Boys Reunion feiern, und jeder neue Charakter wird mit irrsinnigem Kreischen begrüßt, was der Talkmaster und seine Gäste dann wiederum mithilfe ihrer schrillen Mikros zu übertönen versuchen. Bisher konnte ich mir unter dem Begriff „Kakophonie" nicht so wirklich etwas vorstellen. Jetzt schon.

Viele japanischen Messebesucher sind in der Maske ihres jeweiligen Helden erschienen, was nicht bedeutet, dass sie sich einfach nur verkleidet haben. Nein, sie lassen offenbar gerne den Schönheitschirurgen ran, um so auszusehen wie ihre Zeichentrickvorbilder, merke ich in Richtung Sohnemann an.

„Das sind Animes, keine Zeichentrickfilme, Mama", ermahnt mich mein Sohn streng. Ja, schon gut.

Mein Sohn findet das Ganze natürlich unfassbar beeindruckend – und das beruht bei den Japanern auf Gegenseitigkeit. Immer wieder werden wir um ein gemeinsames Foto gebeten.

Mit meinem blonden Sohn wollen die lebendigen Animehelden sehr gerne posieren: „Blond hair and green eyes! Such a handsome guy!" So langsam dämmert mir, was ihm noch an dem Land gefallen könnte.

Außerdem höre ich in den ersten beiden Stunden auf der Messe ständig das Wort „Kakoi".

„Was sagen die alle?", frage ich nach.

Erst murmelt Nicholas so etwas wie „nicht so wichtig". Doch er kennt seine stets neugierige Journalistenmutter, die so lange nachfragt, bis er aufgibt: „So was wie cooler Typ."

Jetzt grinse ich. Soso.

„Mädels heißen hier kawaii – süß." Das Wort hat er natürlich auch voll drauf. Vier Stunden laufen wir über die Messe, besuchen gefühlt jeden Stand und schleppen uns dann völlig erschöpft und beladen mit Tüten voller japanischer Poster ins Hotel. Puh.

Abends gehen wir Yakitori essen. Riesengroße Fleischspieße. Ich bestehe auf Hühnchen. Was mein Sohn knuspert? Keine Ahnung.

An Tag zwei gönnen wir uns ein bisschen Kultur. Nicholas hat zwei Karten für die Sonntagsmatinee im Kabukiza, dem weltberühmten Theater im Stadtteil Ginzo, organisiert.

Die Schauspieler sind Nationalhelden in Japan, werden jahrelang in Gesang, Tanz und Sprache ausgebildet, ehe sie dann in vollem Ornat und mit ihren extrem geschminkten Gesichtern auftreten dürfen.

Das Haus ist restlos ausverkauft und wir sitzen in der zweiten Reihe.

„Ach, deswegen waren die Karten nicht gerade billig", raune ich meinem Sohn zu. Er hat die Karten zwar besorgt – aber mithilfe meiner Kreditkarte. „Wenn schon, denn schon", grinst der nur und setzt sich die Kopfhörer für die englische Übersetzung auf.

Ich schaue noch einmal um mich herum und wundere mich, dass die meisten Besucher ausgerüstet sind wie bei einem Picknick. Alle haben Getränke dabei, Dosen mit Suppe oder Varianten von Onigiri, den köstlichen gefüllten Reisbällchen, *dem* Lieblingssnack der Japaner. Drei Stunden später weiß ich, warum. Diese Matinee dauert den ganzen Tag! Es werden vier Theaterstücke gezeigt.

Zuerst kämpft ein wilder japanischer Krieger gegen die bösen Chinesen und seine Frau muss sich opfern, damit er unbeschwert und ohne lästige Gedanken an seine Ehefrau in den Krieg ziehen kann. Nicht gerade mein Lieblingsstück. Dann wird ein armer Bauer von einer bösen Zauberin, die sich in eine gigantische Schlange verwandelt hat, verspeist – auch nicht wirklich eine Topstory. Und im dritten Stück muss die schöne Prinzessin von einem starken Ritter mit viel Getöse und Schlachtrufen gerettet werden.

Ich bin erschöpft. Total.

Und halb verdurstet und verhungert, während um uns herum die Familien weiter das Spektakel genießen und fröhlich vor sich hin schmatzen. Denn ein Spektakel ist das japanische Theater. Nicht nur wegen der unglaublich pompösen Kostüme und Frisuren. Jede Szene wird mit Schreien, emotionalem Gesang und lautem Schlagen auf Gong und Trommeln begleitet.

Und trotz meines Dursts, meines Hungers fühle ich mich in diesem Moment unglaublich glücklich, unglaublich dankbar. Wie oft habe ich früher meinen Sohn an der Hand genommen, ihm gezeigt, was ich interessant finde, was ihn möglicherweise begeistern könnte. Heute hat er das mit mir getan. Und einmal mehr wird mir bewusst, welche großartigen Seiten es hat, ein erwachsenes Kind zu haben, das auf eigenen Beinen steht, sich allein zu neuen Horizonten aufmacht – und mich an diesen Erlebnissen teilhaben lässt. Als wir später in das Sonnenlicht von Ginzo treten, sind wir froh, diese berühmten und in ganz Japan sehr verehrten Schauspieler mal gesehen zu haben. Mehr Kultur geht im Moment nicht.

„Wo kann man hier shoppen gehen?" Huch. Habe ich das gesagt? Nicholas schaut mich kurz an und sagt ungerührt: „Kannste knicken hier. Ginzo ist die teuerste Gegend von Tokio. Nur Designerläden von Prada bis Gucci. Das können wir uns nicht leisten."

Wann ist mein Kind so vernünftig geworden? Also nur Windowshopping und Staunen, wie viel Bling-Bling hier angeboten wird. Irgendwann landen wir vor einem fünfstöckigen Gebäude, vor dem Eltern mit ihren Kindern anstehen und andere Eltern mit Tüten bepackt wieder rausströmen.

„Was gibt es denn hier?"

Ja, manchmal versteht selbst mein eingefleischter Japanfan dieses Land nicht so ganz: „Hier gibt es quietschbunte Kuscheltiere von so einer Messenger-App. Stehen die Kids alle total drauf."

Kuscheltiere? Und noch nicht einmal aus einem Film? Schon zum zweiten Mal an diesem Tag bin ich froh, dass mein Kind erwachsen ist! Abends bin ich mir da nicht mehr so sicher, denn mein Kind parkt mich im Hotel. Mitkommen verboten. Und das ging so: Nach dem riesigen Teller Ramensuppe wäre ich noch bereit für einen kleinen Barbesuch und freue mich, dass mein Sohn sich noch mal aufbrezelt.

„Wo gehen wir denn heute Abend hin?", frage ich also beschwingt – und bekomme eine Vollbremsung serviert.

„Wir? Ich gehe noch aus, Mama."

Ja, wie jetzt? Und ich?

„Ich gehe heute Abend mit Freunden zum Konzert von Zedd, einem ziemlich angesagten DJ."

Freunde? Welche Freunde?

„Na, die ich hier kennengelernt habe, bevor du angekommen bist. Und nein, Mama. Ich weiß, du würdest gerne mitkommen, und hättest da sicher auch Spaß. Aber das geht nicht. Da schauen die doch, wenn ich meine Mutter mitbringe. Tut mir leid."

Ein Bussi noch, dann macht er die Tür von außen zu und zurück bleibt nur der Duft seines Aftershaves.

Na prima. Wir kennen das jetzt ja schon. Einatmen, ausatmen. Und den Fernseher anmachen. Da lachen sich die Japaner in einer Show schlapp, die ich absolut nicht verstehe. Ziemlich schrill alles, sehr lautes Gekreische. Mama nicht nur allein zu Haus, sondern auch allein im Hotel. Kam dieser Seufzer von mir? *Jetzt übertreib mal nicht*, rede ich mir gut zu. Heute Nacht kommt er ja heim, alles gut.

Selbst etwas zu unternehmen, dafür bin ich zu müde. Ich bin platt vom ganzen Rumlaufen heute und all den neuen Eindrücken. Sonst hätte ich mich unten noch in die nette Bar gesetzt. Stattdessen nehme ich meinen Schmöker aus dem Koffer und versinke in Romanwelten, wie ich es schon seit meiner Kindheit liebe. Ein erstes Urlaubsgefühl macht sich in mir breit, keine Termine morgen! Herrlich …

Nicholas schleicht sich um zwei Uhr ins Zimmer. Ich tue so, als wäre ich im Tiefschlaf, aber natürlich hatte ich immer ein Ohr an der Hotelzimmertür. Es ist einfach total ungewohnt, dass mein erwachsener Sohn in einem fremden Land allein um die Häuser zieht. Ich bin froh, dass er wieder da ist. So ganz heimlich für mich.

VERKEHRTE WELT

Am nächsten Morgen bin ich verantwortlich für die Schnapsidee des Tages, denn ich habe in einem Reiseführer gelesen, dass die Japaner jeden Freitag während der Kirschblüte in den berühmten Ueno-Park gehen und dort picknicken. Nicholas meint zwar, die U-Bahn zu dem Park könnte überfüllt sein, aber wie schlimm kann das schon sein? Ich fahre auch mit der U4 vom Münchner Oktoberfest heim, und das mit lauter Bierleichen um mich herum. Tja, eine halbe Stunde später werde ich eines Besseren belehrt.

Es ist schlimmer. Sehr viel schlimmer. Vom Gefühl her will ganz Tokio (neuneinhalb Millionen Menschen, in München sind es knapp 1,6) zu diesem Park. Bisher fand ich U-Bahn-Fahren in Tokio vollkommen okay, aber das ist in diesem Augenblick vorbei. Ich kriege keine Luft. Und zwar gar keine, und das will etwas heißen, denn Menschenmassen machen mir eigentlich nichts aus. Schließlich war ich jahrelang Wiesnreporterin! Nicholas schaut mich genervt von der anderen Seite des Waggons an, wo er zwischen zwei Familien eingekeilt immer mehr in eine körperliche Schieflage gerät. Festhalten geht nicht, aber zum Umfallen ist auch nicht genug Platz. Himmel! Irgendwann spuckt uns die U-Bahn dann doch aus und wir werden von einem schier endlosen Menschenpulk Richtung Park geschoben. Dort sehen wir Tausende Japaner auf blauen Plastikdecken mit Teegeschirr und Kühltaschen unter den blühenden Bäumen sitzen. Abstand von Decke zu Decke vielleicht zwei Zentimeter. Höchstens.

„Du wolltest ja hierher", sagt Nicholas.

Ja, habe ich jetzt gesehen und abgehakt. Gibt es hier Taxis? Zum Glück ja. Wir laufen über eine Brücke und dann nichts wie weg von hier.

Ein paar Tage später wollen wir mit dem Hochgeschwindigkeitszug Shinkansen nach Kyoto fahren, um dort während der Kirschblüte die berühmten Tempel zu besuchen. Wir nehmen ein Taxi, das wie für Königs mit weißen Deckchen auf den Sitzen daherkommt und mit einem behandschuhten Fahrer, der unter Verbeugungen unser Gepäck in den Kofferraum wuchtet. Als wir vor dem Bahnhof ankommen, will ich dem netten Fahrer ein großzügiges Trinkgeld geben, doch mein Sohn nimmt mir das Geld aus der Hand.

„Lass das, Mama!"

Häh?

„Ja, lass das!"

Bin ich jetzt das Kind oder was?

„Wenn du dem Taxler Trinkgeld gibst, beleidigst du ihn und er rennt uns bis zum Bahnhof hinterher, um dir das Geld zurückzugeben."

Also dass ein Taxifahrer *kein* Trinkgeld haben möchte, habe ich auf der ganzen Welt noch nicht erlebt. Ich schaue meinen Sohn ungläubig an, der sofort hinzufügt: „Kannst mir schon glauben. Hab ich selbst erlebt und jetzt mach mal ein bisschen hinne, damit wir unseren Zug noch erwischen." Hilfe! Das ist hier verkehrte Welt. Wie können ein paar Monate einen kleinen Menschen in einen großen verwandeln? „Mach mal hinne!" Das ist mein Spruch. Sorry. Das *war* mein Spruch seine ganze Kindheit durch.

Völlig perplex folge ich meinem Sohn in den Bahnhof von Tokio und werde fast erschlagen von all den Anzeigentafeln mit ihren kryptischen Schriftzeichen und den hektisch hin und her laufenden Menschenmassen. *Huch! Wo ist er denn jetzt? Ohne ihn bin ich verloren. Ach, da vorne.* Ich schaue, dass ich meinem Kind hinterherkomme, das bereits an einem Schalter steht, um unsere Fahrkarten zu kaufen.

Ja, und wann fährt der Zug?

Jede Stunde.

„Also los jetzt." Wieder er, nicht ich.

Jaja, ich komme schon.

In einem Gefühl völliger Verwirrung und Abhängigkeit (ganz doof) zerre ich meinen viel zu großen Koffer meinem Sohn hinterher, der zielstrebig ein Gleis betritt und gleich darauf in einen superschicken und supersauberen Zug einsteigt, aus dem sich gerade eine ganze Putzkolonne mit tausend Verbeugungen von uns verabschiedet.

Ich bin erschöpft. Schon wieder. Und saustolz. Auch schon wieder. Nicht auf mich natürlich, sondern auf den Sohn, der sich hier so gut zurechtfindet wie ich am Münchner Marienplatz. Zu Hause fragt er mich übrigens immer noch, welche U-Bahn dahin fährt. Hm. Vielleicht, weil ich zu lange so was wie sein Ersatzgehirn war und ihm alles tausendmal erklärt habe?

Darüber denke ich nach, als wir am Fujiyama vorbeifahren, diesem über dreitausend Meter hohen Vulkan, dessen Spitze immer von Schnee bedeckt ist. Ein mystisch besetztes Weltkulturerbe. Wow. Da ist er! Irgendwie unwirklich, so eine Reise zu Orten, von denen man tausend Mal gehört hat. Von denen man Millionen Fotos gesehen hat. Auch Kyoto ist ein Traum, denn inzwischen ist die Kirschblüte in vollem Gange. Ich kann gar nicht aufhören, Fotos zu machen, und poste ständig neue rosa oder weiße Blüten in meiner Begeisterung, bis Nicholas irgendwann fragt: „Echt? Noch eine Kirschblüte?" Ja, noch eine. Wir erkunden die heiligen Tempel, wandern den Shintō-Schrein Fushimi Inari-Taisha unter unzähligen roten Torbögen den Berg hinauf. Ich leicht schnaufend wie eine bayerische Bergschnecke, während mein Sohn vorneweg sprintet und grinsend drei Torbögen weiter wartet, bis ich ihn endlich einhole. „Du schaffst das, Mama."

Schon wieder ein Satz, den ich ihm immer wieder gesagt habe, wenn er mit seinen Zweifeln zu kämpfen hatte. Verkehrte Welt. Oder doch nicht? Innerlich schwöre ich mir, an meiner Fitness zu arbeiten, wenn ich wieder zu Hause bin. Wieder unten im weltberühmten Tempel, drehen wir an einem großen Holzrad und schlagen gegen lange Stäbe in der Hoffnung, dass es uns Glück bringt. Um uns herum Hunderte wunderschön anzuschauende Mädchen in traditionellen bunten Kimonos, begleitet von Herren in braunen Kimonos. Alle haben sich die Haare so frisiert, wie wir uns den Geishalook vorstellen.

Und dann stelle ich die Frage, die mein Sohn mit einer hochgezogenen Augenbraue so beantwortet, als hätte sie mal wieder ein kleines weltfremdes Mädchen gestellt: „Laufen die hier immer so rum?"

Blick von links: „Nein, Mama. Die Japaner feiern die Kirschblüte. Das ist wie bei uns zu Hause das Oktoberfest. Wir laufen ja auch nicht das ganze Jahr in Dirndl und Lederhose rum, sondern nur zur Wiesn. Das ist halt ihre Tracht und viele Japaner nehmen sich extra Urlaub, um einmal im Jahr hier in der heiligen Stadt Kyoto die Kirschblüte zu feiern. Die Mädels gehen stundenlang zum Friseur, leihen sich einen Kimono aus. Das ganze Programm eben. Könntest du als Touri auch machen." Ich? So wie die Amis sich bei uns ein Dirndl ausleihen? Echt nicht. Und so eine Frisur kriegt bei mir sowieso keiner hin.

„Es gibt Perücken."

Ach so. Egal. Nein. Lass mal.

Ich versuche, wieder Oberwasser zu bekommen, und frage, wo wir was essen können. Jungs haben immer Hunger. Das hat sich nicht geändert. Zum Glück. Puh.

Am nächsten Tag bekommen wir noch eine ganz besondere Stadtfüh-
rung von Etsuko Higuchi, der bezaubernden Mama meiner lieben
Freundin Yoko Higuchi-Zitzmann, die ich aus München kenne und
eine erfolgreiche Filmproduzentin ist. Ihre Mama lebte früher eine Zeit
lang mit Mann und Tochter in Deutschland und hat für uns eine priva-
te Teezeremonie im Kaisertempel Chion-in arrangiert, danach führt
sie uns durch die versteckten Gassen Kyotos und lädt uns zu einem
Lunch in ein winziges Lokal mit zehn Plätzen ein, in dem ich das beste
Sushi meines Lebens esse. Ich wäre dann ja noch gerne in ein Lokal gegangen, in dem echte Geishas servieren und an dem wir vorbeikom-
men, aber da zieht uns Etsuko energisch weiter.
„Ausländer dürfen da nicht reingehen. Und Frauen schon gar nicht."
Schade. Lächelt Nicholas leicht spöttisch? Hm.
Als neugierige Journalistin hätte ich mir das zu gerne mal angesehen.
Wir bummeln stattdessen durch die überdachten Arkaden der Innen-
stadt und ich kaufe mir mit Etsukos Beratung einen Kimono in den
Traditionsfarben Kyotos. Das muss einfach sein. Ein herrlicher, ent-
spannter Tag.

BENIMM DICH, MAMA!

Krönender Abschluss unserer Reise soll dann noch eine Nacht in ei-
nem schweineteuren Ryokan außerhalb der Stadt sein. Bis jetzt sind
wir günstig gereist, aber ein Ryokan muss einmal sein, meint mein
Sohn, denn das sind so etwas wie die Wellnesshotels der Urzeit hier.
Jedes Ryokan hat eine eigene heiße Onsen-Quelle und diese Bäder sind
berühmt. Mit dem Zug fahren wir aufs Land, wo ein ganzer Ort die
Kirschblüte feiert. Am Ufer des Flusses sind Fressbuden aufgestellt, auf
dem Wasser paddeln gut gelaunte Menschen in Booten herum. Ein
Idyll.
Das Zimmer im Ryokan ist klein, sehr klein. Als die Futons ausgerollt
werden, wird es richtig eng. Aber egal.

105

Wo sind jetzt diese berühmten Bäder? „Ich gehe links und du rechts", weist mich mein Sohn ein. „Und dann sehen wir uns drinnen, ja?"

„Nein, Mama. Man badet in einem Onsen nackt. Die Männer für sich und die Frauen auch, und bitte benimm dich! Mach alles ganz genau so, wie es vorgeschrieben ist. Okay?"

Sein besorgter Blick bohrt sich in meinen Rücken, als ich noch „Kann ja nicht so schwer sein" murmele. Und dann blicke ich ratlos auf eine Reihe kleiner weißer Plastikkinderhocker und Handbrausen. Hm. Ich bin allein, doch zum Glück kommt eine Dame, ab der Hüfte eingehüllt in die dünnen Badetücher, die überall herumliegen.

Na gut. Also oben ohne.

Die korpulente Japanerin platziert sich passgenau auf den Kinderhocker, dreht das Wasser auf und schrubbt sich mit bereitliegender Seife und Bürste, als hätte sie vier Wochen nicht geduscht. Überall. Unter den Brüsten, den Achseln, dann den Bauch, die Beine, jede einzelne Zehe und am Schluss hebt sie den Po, um auch diese Stelle ausgiebig zu säubern. Die ganze Frau hat durch das intensive Schrubben inzwischen eine rote Hautfarbe angenommen. Diese rituelle Waschung dauert gefühlt eine Ewigkeit. Inzwischen sitze ich auch und gebe seife- und bürstentechnisch mein Bestes.

Die Japanerin schickt mir noch einen letzten Kontrollblick zu und schlüpft dann ins Freie, wo heißes Wasser in einem großen Steinbecken unter dem milden Sternenhimmel auf uns wartet. Und da sitzen wir zwei dann. Nackig und glücklich, weil beide sauber, und lächeln uns an. Reden geht nicht, denn mein Japanisch beschränkt sich auf „Sayonara".

In unserer strahlenden Sauberkeit überkommt mich kurz eine Erinnerung an die heimischen Freibäder, aber ich will mir ja nicht den Moment versauen. Also denke ich über etwas anderes nach. Darüber, was für ein anderer, erwachsenerer Mensch Nicholas in den letzten Monaten geworden ist. Wie oft habe ich ihm ein „Benimm dich!" mit auf den Weg gegeben – jetzt ist es andersherum. Ich bin jene, die ermahnt wird, die Schuhe im Flur in die richtige Richtung zu stellen, die Stäbchen nicht wie ein tumber Ausländer zu halten und die Verbeugung richtig zu machen. Ich freue mich total, wie er diese fremde Kultur eingesogen hat, wie sicher er sich in der Welt bewegt. Die Sorgen, die ich mir anfangs so um ihn gemacht habe, werden täglich weniger. Ich habe ihn beschützt und geleitet und durch diese heimische Nestwärme hat er die Sicherheit bekommen, allein loszumarschieren. Das Urvertrauen in die eigene Stärke haben *wir* ihm vermittelt.

Gleichzeitig frage ich mich, wie es wohl sein wird, wenn ich nach dieser Reise wieder nach Hause komme. Wird mir diese gemeinsame Zeit die langsame Abnabelung erleichtern – oder werde ich zu Hause einen schrecklichen Rückfall erleiden? Wie kann ich die Leere, die Nicholas' Erwachsenwerden in meinem Leben hinterlassen hat, dauerhaft füllen? Noch mehr arbeiten? Ich weiß nicht so recht. Meine Mama hat damals an der Volkshochschule einen Spanischkurs belegt, fällt mir gerade ein. Ich fand das witzig, weil ich Spanisch im Nebenfach studiert habe. Aber wahrscheinlich wollte sie mir dadurch nur wieder etwas näher sein, als ich ausgezogen bin. Und jetzt bin ich in der gleichen Situation, aber Japanisch lerne ich sicher nicht. Ich werde auch keinen Ikebanakurs belegen, schwöre ich mir selbst. Höchstens einen Sushikurs. Dazu hätte ich sogar Lust, denn langsam gewöhne ich mich an das Essen hier, obwohl der Japaner unter Gemüse eine zwei Zentimeter lange geschnitzte Karotte versteht. Wobei … vielleicht doch lieber weiter Yoga und Pilates.

Als wir beide eine Stunde später in unser Zimmer kommen, wird uns von einem süßen Mädchen auf einem kleinen Tischchen ein leichtes Abendessen mit Sushi, Tofu, Misosuppe und viel Tee serviert. Wir knien, sie auch. Eine letzte Verbeugung und dann ist sie weg. „Arigato" heißt Danke schön auf Japanisch. Schade, dass wir morgen nach Hause müssen. Aber immerhin fliegt mein Sohn mit nach München. Das Gap Year ist fast vorbei. Es wird Zeit, dass er sich für eine Uni entscheidet.

Barbara | Miami

Große
Pläne

Eigentlich könnte ich dieses Jahr einen Girlstrip machen, eine Treckingtour auf den Kilimandscharo, zu einem Guru nach Indien oder ein dreiwöchiges Detoxprogramm in einem österreichischen Kurhotel. Es erwartet keiner mehr von mir ein perfekt geplantes Programm in den Sommerferien.

Wann sind die eigentlich dieses Jahr? Hah! Habe ich schon vergessen. So schnell kommt man aus dem Schulrhythmus, der fast zwanzig Jahre mein Leben bestimmt hat. Schon wieder etwas, das voll auf das Habenkonto einzahlt, wenn man keine kleinen Kinder mehr hat.

Ich sammle nämlich gerade Pluspunkte für das „Empty Nest", wie man in Amerika sagt. Wobei meine Kinder ja sowieso nie so echte Nesthocker waren, sie sind eher die Generation „überall zu Hause".

LERNE, DEINEM KIND ZU FOLGEN

Während für mich als Kind drei Stunden im Bus zur nächsten Stadt eine Weltreise war, haben meine Kinder ferne Länder erkundet, seit sie klein waren. Das liegt zum Teil an unserer speziellen Familienkonstellation, aber viele Millennials denken ähnlich. Das sehe ich auch an Christianes Sohn, der nicht nur gedanklich zwischen Südamerika und Japan pendelt, sondern das dann auch durchzieht. Ohne Angst vor fremden Kulturen und Sprachen. Das kannte ich so nicht in meiner Kindheit. Ich habe mit meiner Mutter und meinen Geschwistern fast nur Urlaub in Deutschland gemacht. Wir haben die heimischen Wälder erkundet und das liebe ich noch heute.

Doch als Erwachsene hatte ich auch Spaß an Abenteuerurlauben mit meinen Kindern. Meist hatten wir dabei einen Local Guide, und zwar nicht nur wegen der Sprache, sondern auch, weil ich unsere Reiseziele aus der Sicht eines Einheimischen kennenlernen wollte. Zudem bin ich ja als Single Mom gereist und hatte keine Lust, dass irgendwann meine Söhne auf mich aufpassen, wenn eine Situation doch mal kritisch werden sollte.

Irgendwann war Noah dann nicht mehr dabei – und ich wollte mit einer ganz besonderen Reise mein Zweierbündnis mit Elias stärken. Als ich Südamerika vorschlug, war er voller Begeisterung dabei. Wochenlang haben wir gemeinsam geplant und jeder durfte sagen, was er schon immer mal sehen wollte. Deswegen hatten wir ein ziemliches Programm: mit den Quads über die staubigen Pisten der Anden brettern, das berühmte Fußballstadion in Buenos Aires anschauen, im eiskalten Salzsee der Atacama-Wüste von Chile schweben und in den heißen Quellen des Tatio-Geysirs auf über viertausend Metern Höhe einmal baden.

So viele Sternschnuppen wie in Chile hatte ich noch nie in meinem Leben gesehen. Jede Nacht lagen Elias und ich auf dem Rücken und starrten stundenlang in den Nachthimmel. Und dann waren wir in Peru. Ein Land, von dem ich schon immer geträumt hatte und das Elias unbedingt sehen wollte, vor allem Machu Picchu. Doch zuerst gab es eine ganz andere Herausforderung zu bewältigen, nämlich eine steile, dreihundert Meter hohe Felswand hochklettern.

Ich stehe davor, sehe hoch und denke: *Im Ernst?* Aber natürlich bin ich dabei. Ich werde hier nicht schlappmachen. Niemals! Auch weil seit Tagen alles von meinem Sohn minutiös gefilmt wird. Welche Mutter will da schon aufgeben? Mit Haken, Ösen, Seilen, Tritthilfen im Fels und dem puren Mut der Verzweiflung folge ich also meinem Sohn nach oben. Der Staub, den er aufwirbelt, fällt mir ins Gesicht, meine Hände brennen trotz der Handschuhe, die wir tragen müssen. Das schaffe ich nie. Wer hatte eigentlich diese dämliche Idee, einen Klettersteig zu gehen? Ach ja. Ich. Mal wieder …

Und dann stehen wir endlich ganz oben über dem Urubamba-Tal, dem Heiligen Tal der Inkas, und eine Welle von Glücksgefühlen überflutet mich. Mein Kind strahlt genauso wie ich unter seinem staubigen Gesicht, umarmt mich und sagt: „Wohoo, Mama. Das wollte ich schon immer mal machen."

Wovon redet er denn jetzt? Klettern in freier Wildbahn? Das hätte er auch früher in den österreichischen Alpen haben können. Aber nein.

Jetzt sehe ich, was er meint, denn Elias ist schon eifrig dabei, sich vorzubereiten, hat bereits einen neuen Helm auf und Gurte um alle wichtigen Körperteile geschnürt. Kaum dass er sich noch gestattet, einen Schluck Wasser zu trinken. Adrenalin pocht aus jeder seiner jugendlichen Körperzellen und dann gellen zwei Schreie durch das ehrwürdige Inkatal. Elias schreit vor Freude, ich vor Entsetzen, als ich mein Kind an einer endlos langen Leine an einer Art Seilbahn über ein tiefes Nichts entschweben sehe.

„Das geht da sechshundert Meter in die Tiefe", informiert mich mein Guide fröhlich. „Die Touristen lieben das."

Mein Kind ist nur noch ein winziger Punkt am Horizont. Er ist weg, einfach so davon, ohne sich noch einmal umzudrehen. Da passe ich mein ganzes Leben lang auf dieses Kind auf und nur weil ich immer die lockere Abenteuermutter sein muss, stehe ich jetzt hier und mein Sohn schwebt über einem Abgrund. Allein. Ohne mich!

Die einheimischen Bergführer neben mir schütten sich aus vor Lachen, als sie mein fassungsloses Gesicht sehen.

„Das hätten Sie doch mit mir besprechen müssen! Ich hätte das niemals erlaubt."

Unser Guide schaut mich ganz entspannt an und entgegnet: „Eben. Das hat Ihr Sohn auch gesagt. Deswegen sollte ich Ihnen ja nicht verraten, wohin uns unsere Route führt."

Es ist schon nachmittags und plötzlich beginne ich, eins und eins zusammenzuzählen. Zu Fuß schaffen wir es nicht, den ganzen Weg wieder zurückzulaufen, und hier oben gibt es keine Übernachtungsmöglichkeit. Das sehe ich mit einem Blick. Ich bin sprachlos.

„Heißt das, dass wir alle an dieser unglaublich dünnen Leine ins Tal sausen müssen?"

Ein bisschen Hoffnung habe ich noch, dass irgendwo versteckt ein Geländewagen wartet, aber ich ernte von allen Seiten nur freudiges Nicken. Die meisten Touristen freuen sich anscheinend darauf, über die Gipfel in den Sonnenuntergang zu entschweben. Ihr Highlight des Tages, meins nicht. Das ist schon mal klar. Aber nachdem mein Kind unwiderruflich verschwunden ist, muss Mama wohl folgen und ich ergebe mich meinem Schicksal. Wie Elias werde ich mit Helm und Schnüren versorgt und dann in eine Art Schlinge gesetzt.

Ein Schubs und los geht's. Ich schwebe über die Berglandschaft ins Tal. Unter mir ist alles klitzeklein, da hinten liegt Cusco in einer grünen Mulde, über mir strahlt der tiefblaue Himmel Südamerikas. Auf einmal werde ich ganz ruhig, eins mit der Natur und diesem unvergleichlichen Ausblick. Ich schwebe! Über einem der magischsten Plätze der Welt. Es ist einfach unvergleichlich. Kann das bitte ewig dauern? Ich bin Elias unglaublich dankbar, dass er mich zu dieser großartigen Aktion „gezwungen" hat – und gleichzeitig verwundert, wie sich in unserer Beziehung die Rollen geändert haben, ohne dass ich es selbst richtig mitbekommen habe …

Wenige Minuten später lande ich auf einer Plattform, auf der mich mein strahlendes Kind erwartet: „Das war das Beste, was ich jemals erlebt habe."

Lektion Nummer 1827: „Lerne, deinem Kind zu folgen – und wenn es über den Abgrund eines tiefen Tals ist."

Doch damit ist unsere Reise noch nicht zu Ende. Die nächste Station in Peru ist nun endlich Machu Picchu, die alte Inkastadt auf zweitausendvierhundert Meter Höhe. Wir brechen relativ spät am Tag auf, damit wir an diesem magischen Ort in Ruhe und möglichst ohne große Touristenmassen den Sonnenuntergang bewundern können. Der Aufstieg ist ziemlich anstrengend, weil die Luft in dieser Höhe so dünn ist, aber ich freue mich unwahrscheinlich darauf, endlich an dem Ort zu sein, von dem ich schon so viele Bilder gesehen habe und mit dem Elias sich schon seit geraumer Zeit wie besessen beschäftigt. Seit einem Jahr war es sein Traum, dorthin zu fahren. Wir beide fragen uns, während wir uns den Berg hinaufkämpfen: *Wie wird es sein, dieses Weltwunder? Wirklich magisch? Spürt man die Magie der alten Inkakultur?*

Stundenlang wandern wir vor uns hin, bis wir endlich völlig verschwitzt ankommen – und es ist fast noch schöner als erwartet. Sonnenuntergang, goldenes Licht über dieser heiligen Stätte. Wir stehen sprachlos da, genießen diesen einzigartigen Augenblick. Nur ein einziger Tourist ist noch da außer uns hier oben und macht mit seinem Handystick die letzten Fotos. Wir stehen neben ihm und warten ganz ruhig, beide ehrfürchtig angesichts der heiligen Stätte, deren Aura wir jetzt auf uns wirken lassen wollen.

Auf einmal dreht sich der Tourist um und sagt: „I am from China!" Dann deutet er grinsend auf mich: „Boris Becker?"

Elias steht neben mir und schmeißt sich weg, als ich mit dem Chinesen auf dessen Bitte hin ein Selfie mache.

ACTION-MAMA!

Ja, auf allen Reisen mit meinen Kindern habe ich nicht nur nach schönen Hotels gesucht, sondern auch nach Herausforderungen – und echten Begegnungen mit der Kultur des jeweiligen Landes. Ich glaube, dass man nur etwas über die Welt lernen kann, wenn man seine heimatliche Komfortzone verlässt und sieht, wie andere Menschen leben. Möglicherweise habe ich es damit jedoch manchmal etwas übertrieben. Das haben sie mir natürlich nicht sofort gesagt, das habe ich erst später erfahren, als die Gefahr längst vorbei war. Aber dafür kriege ich einige Geschichten noch heute aufs Butterbrot geschmiert – zum Beispiel jene von unserem Urlaub auf Kreta.

Nachdem meine Söhne eine Woche lang das volle Verwöhnprogramm inklusive Massagen und Wellnessfeeling hatten genießen dürfen, schlug ich zur Abwechslung einen ausgedehnten Wandertag vor. Ich hatte von einem ausgetrockneten Flussbett gehört, das landschaftlich wunderschön sein sollte. Also sind wir losmarschiert. Elias in Flip-Flops, Noah in Espandrillos und ich in Sandalen.

Schon in der ersten Stunde hatten uns in der sengenden Hitze Griechenlands wahre Touristenströme überholt – alle perfekt ausgerüstet mit mehreren Flaschen Wasser und Wanderstiefeln. Wir kamen wie die Schnecken voran, weil wir ständig auf den Steinen ausrutschten –

und wir hatten keine Ahnung, wo wir überhaupt waren, weil wir im Landesinneren der Insel keinen Handyempfang hatten. Den Jungs wurde irgendwann angst und bange, als wir Schafsgerippe am Wegesrand entdeckten. Aber dann siegte doch ihre Abenteuerlust und sie packten einen Schädel in ihren Rucksack als Erinnerung an diese denkwürdige Wandertour.

Nach gefühlt drei Stunden hatte ein Wanderer immerhin Mitleid mit meinen Kindern und schenkte ihnen eine Wasserflasche, die sie vor allem unter sich aufteilten. Die Jungs hatten auch zwei Kaugummis dabei und flüsterten sich zu: „Die sind nur für uns. Die Mama hat das nicht verdient." Ja, Jungs können manchmal echt nachtragend sein, wo wir Mütter es doch immer nur gut meinen.

Am späten Nachmittag kamen wir endlich völlig dehydriert und halb verhungert in einem Dorf an und nahmen uns sofort ein Taxi zurück zum Hotel …

Viel abenteuerlicher war noch die Reise nach Island, die ich mit Elias gemacht habe. Unsere Herausforderung war dieses Mal, eine Höhle zu erforschen, die gerade mal ein halbes Jahr zuvor entdeckt worden war. Ich hatte mir das Ganze in etwa so vorgestellt wie eine Tropfsteinhöhle, in der wir drei auch schon einmal gewesen waren. Doch die Grotten in Island liegen tief in der Erde und sind stockdunkel.

Wie immer war ich eigentlich gut vorbereitet, denn als Reiseführer hatte ich einen isländischen Wissenschaftler engagiert, der die Höhle mit entdeckt hatte. Was konnte da schon schiefgehen? Der Mann war die Ruhe selbst, hatte er doch schon jede Menge gefährliche Situationen gemeistert. Kein Wunder, wenn man in finsteren Höhlen rumkriecht und in einem Land lebt, in dem jederzeit ein Vulkan ausbrechen kann. Jedenfalls dachte er wohl, dass seine beiden Gäste ähnlich ticken wie er, wo sie doch diesen Höhlenausflug unbedingt machen wollten. Und so drückte der wortkarge Rachna Elias und mir jeweils eine Stabtaschenlampe in die Hand und meinte, wir sollten zuerst in die Höhle kriechen. Er komme dann nach. Elias schaute mich etwas zweifelnd an, aber ich nickte ihm aufmunternd zu: Kein Problem!

Zuerst ging noch alles gut und das Foto, das wir am Anfang gemacht haben, ist wirklich beeindruckend. Man sieht uns in der Höhle und um uns herum glitzert es, als wären das alles Bergkristalle. Ich freute mich noch, bis mir schlagartig klar wurde: *Das ist Eis! Das sind keine Kristalle!* Das war keine Höhle, wir waren in einer Eisgrotte. In einer tiefen, dunklen Eisgrotte! Da versuch mal einer, sich im Dunkeln mit nur einer Hand festzuhalten, wenn es wie auf einer Megaeisplatte immer weiter in die Tiefe geht! Der absolute Horror!

Mit unserer Taschenlampe in der Hand und dem Herz in der Hose rutschten wir dem Guide mehr schlecht als recht hinterher. Zehnmal bestimmt dachte ich: *Jetzt stürzen wir ab.*

Ich betete praktisch ununterbrochen, dass wir es wieder nach oben schaffen. Pure Panik hielt mich in ihrem eisigen Griff – über drei Stunden lang, denn so lange dauerte diese Tour in furchtbarer Kälte tief unter der Erde.

Dazu sah mich mein Sohn von Zeit zu Zeit zweifelnd an und fragte nicht nur einmal: „Mama. Du hast das ausgesucht. Warum?"

Das hätte schiefgehen können. Es war kalt, gruselig, angsteinflößend. Aber die Frage nach dem Warum kann ich beantworten: weil man Kinder nicht nur in Samt und Seide hüllen kann, wenn man sie auf das Leben vorbereiten will. Gerade wenn sie so aufwachsen wie meine. Alles zu bekommen, macht es einem später im Leben nicht leichter.

Doch wohin soll meine Reise jetzt gehen? Jetzt, so allein? Welche Abenteuer möchte ich erleben?

Allein zu reisen, davor habe ich keine Angst.

Auf den Reisen als Singlemom habe ich gelernt, die Verantwortung zu übernehmen. Und ich kann inzwischen gut mit mir allein sein.

Doch bevor ich irgendwelche konkreteren Pläne gefasst habe, nimmt Elias mir meine Entscheidung ab. Er ruft mich aus London an und sagt: „Du, Mama. Ein paar meiner Freunde waren gerade in Japan und sind total begeistert von dem Land. Wollen wir da nicht zusammen hinfahren? Ich erkundige mich auch, welche Tempel man unbedingt gesehen haben muss."

Nachdem Christiane mir schon davon vorgeschwärmt hat, wie großartig ihre Reise mit Nicholas durch Japan war und wie stark diese Reise ihr Verhältnis zueinander verändert und auf ein ganz neues Level gehoben hat, bin ich sofort Feuer und Flamme – und will gleich mit der Planung loslegen. Doch Elias bremst mich.

„Lass mal, Mama. Ich kümmere mich um die Route. Die Hotels können wir dann ja zusammen aussuchen."

So machen wir es. Elias plant alle Stationen unserer Japanreise akribisch, recherchiert in Büchern, im Internet und bei Freunden nach den angesagtesten Hotspots und den wichtigsten Sehenswürdigkeiten.

Ich merke, wie es mich entspannt, dass ich nicht mehr in der Planungsverantwortung stehe. Die habe ich an meinen Sohn abgegeben und das finden wir beide ziemlich großartig. Japan ist für uns beide ein komplett neues Reiseerlebnis. Kein einziges Mal meckert er rum, wenn etwas nicht klappt, so wie früher immer. Niemand hat Schuld, wenn es in einem Hotel kein WLAN gibt oder man vor einem Museum anstehen muss.

Und noch etwas ist völlig anders: Als Elias noch zu Hause wohnte, habe ich mich immer wahnsinnig auf die Sommerferien gefreut, weil das die einzige stressfreie Zeit des Jahres war. Kein Wecker, keine Termine, keine Hausaufgaben. Jetzt ist es Elias, der die gemeinsame Zeit mit mir plötzlich besonders wertschätzt und jeden Moment regelrecht zelebriert. Am Ende haben wir unfassbar viele Museen und Tempel angesehen, weil mein Sohn das so wollte. Ich hätte mich nicht getraut, so viele auszusuchen, sondern habe Kultur immer in leicht verdauliche Häppchen verpackt. Doch Elias ist kein Kind mehr, er ist erwachsen und längst ist sein Interesse an den unterschiedlichen Kulturen auf der Welt erwacht. Ich hinke mal wieder hinterher und muss mich umstellen. Ihm immer mehr zutrauen, ihm noch mehr zuhören. Insgeheim freue ich mich riesig darüber.

Ein halbes Jahr später reist Elias mit ein paar Freunden nach Honduras und die ersten Bilder sehe ich auf Instagram. Das ist dann schon etwas komisch. Doch immer wieder ruft er mich an. Mehrmals fällt der Satz:

„Das wäre auch etwas für uns. Das würde dir so gut gefallen, Mama. Wir müssen da unbedingt mal zusammen hinfahren."

Früher dachte ich oft nach einem unserer Abenteuer, dass die Kinder froh sein werden, wenn sie mal ohne mich losziehen können. Aber so schlimm scheint es doch nicht gewesen zu sein, denn beide beziehen mich immer noch in ihre Urlaubspläne ein und fragen ständig, wann wir zusammen verreisen. Wohin, ist uns allen eigentlich egal, denn es geht nur darum, dass wir zusammen Zeit verbringen.

Wer hätte das gedacht vor ein paar Jahren?

INTERESSANTES EXPERIMENT

Doch jetzt gönne ich mir erst einmal eine Auszeit nur für mich, wie ich es die letzten sechsundzwanzig Jahre nicht gekannt habe.

Und was passiert?

Nichts!

Keine Spur schlechtes Gewissen, keine Vorwürfe von außen, schon gar nicht von den Kindern, die sowieso genug mit sich selbst beschäftigt sind. Ich buche eine zweiwöchige Detoxkur in Österreich für mich ganz allein, nehme noch nicht einmal eine Freundin mit. Das Programm: kaum etwas essen, nur Wasser, Kräutertee und dazu Massagen und Packungen, um all die Schlacken aus dem Körper zu befördern und etwas über meine Verdauung zu lernen.

Klingt spaßig.

Hoffentlich verliere ich bei so einer Überdosis Gesundheit meine gute Laune nicht, denke ich auf dem Weg nach Österreich. *Das wird sicher ein interessantes Experiment.* Das ist es dann auch, denn erstaunlicherweise geht es bei der Kur gar nicht so sehr ums Abnehmen, obwohl es wirklich sehr wenig zu essen gibt, sondern um meine Bereitschaft, mich ganz intensiv mit mir selbst und meiner momentanen Lebenssituation zu beschäftigen. Ich lasse mich drauf ein und mein Fazit nach zwei Wochen intensiver Selbstbetrachtung ist durchaus erfreulich: Jahrelang war mein

Alltag durchgetaktet und von Kindererziehung und Schule geprägt. Plötzlich bin ich frei – in allem. Das hat mich zuerst erschreckt, aber jetzt sehe ich auch immer mehr Chancen. Der Ablöseprozess von meinen Söhnen hat mich zudem sensibler gemacht, bisweilen richtig dünnhäutig, ich schaue noch genauer hin, wie es den Menschen um mich herum geht. Auf Ungerechtigkeiten reagiere ich empfindlicher als früher – und das bezieht sich nicht nur auf mein direktes Umfeld, sondern auch auf gesellschaftliche Strukturen.

Noch immer ist mein Terminkalender gut durchgetaktet, denn ich habe ständig neue Ideen, die ich realisieren möchte, aber ich gönne mir auch Pausen und es fällt mir inzwischen leichter, Rat und Hilfe von anderen anzunehmen.

Nicht nur von meinen Freunden, sondern auch von meinen erwachsenen Söhnen. Wir haben es geschafft, den Dialog aufrechtzuerhalten, obwohl meine Kinder auf einem anderen Kontinent leben. Wir haben eine neue, gleichberechtigte Gesprächskultur entwickelt, die von viel Liebe und Verständnis geprägt ist. Und das ist mein ganzes Glück.

AUF ZU NEUEN GIPFELN!

Weil ich mich gerade so stark fühle, setze ich noch eins drauf. Her mit der nächsten Herausforderung! Ein Berliner Freund erzählt mir, dass er mit seiner Frau beim Vierundzwanzig-Stunden-Wandern rund um die Drei Zinnen in Südtirol mitmacht, und ich lade mich einfach selbst ein, die beiden zu begleiten – ohne darüber nachzudenken, was das eigentlich bedeutet.

Noch in Berlin kaufen wir uns alle drei neue Turnschuhe und wandern durch die Stadt, um die Schuhe einzulaufen. Die, äh, perfekte Vorbereitung für eine Mammuttour über die Dolomiten! Meine Freunde kommen in Südtirol zudem mit ihren wunderschönen Lodenrucksäcken an – und hören sofort, dass das gar nicht geht, denn die werden von Stunde zu Stunde schwerer, falls es regnen sollte. Auch unsere Turnschuhe fallen durchs Equipmentraster. Wann lerne ich endlich, dass man sich für Exkursionen richtig vorbereiten muss? Jetzt!

Denn wir drei bekommen in Südtirol einen Schnellkurs vom Verkäufer eines Sportgeschäftes, der auch meine schönen T-Shirts aus reiner Baumwolle anschaut, den Kopf schüttelt und lapidar meint: *„Cotton kills!"* Und dann erklärt er uns dreien zum Mitschreiben: „Wenn Sie am Berg zu schwitzen anfangen, wird das Hemd nass und trocknet ewig nicht mehr. Wollen Sie wirklich in der Nacht mit einem nassen Hemd rumlaufen? Kann ich nicht empfehlen. Genauso wenig wie die Turnschuhe, Sie brauchen Bergstiefel!"

Nein, hier wird mir keine neue Sportausrüstung aufgeschwatzt, dieser Bergsteigerspezialist bewahrt mich gerade vor einer schlimmen Erkältung. Ich kaufe also ein atmungsaktives Unterhemd und einen reinen Wollpulli für drüber, wenn es kalt wird. Wolle speichert die Körperwärme, das weiß doch jedes Schaf.

Am nächsten Tag geht es los und wir drei Frischlinge staunen nicht schlecht, als sich um uns herum eine Schar leidenschaftlicher Bergsteiger auf die Tageswanderung vorbereitet, die wirklich und wahrhaftig vierundzwanzig Stunden dauern soll. Es sind alles Menschen, die Ähnliches schon mehrmals gemacht haben oder sogar noch länger unterwegs waren. Aber von so etwas lasse ich mich nicht entmutigen. Also stapfe ich fröhlich und voller Zuversicht den Berg hinauf. Eine Stunde, zwei Stunden, drei Stunden. Kein Problem. Ich kann locker mithalten. Mein Freund und seine Frau ebenfalls. Wir lächeln uns aufmunternd zu. Ois easy, wie man hier so sagt. Und dann fängt es an zu regnen. Erst leichter Niesel, dann stärker und dann die nächsten zwanzig Stunden ununterbrochen.

Normale Menschen würden sich jetzt daranmachen, den kürzesten Weg ins Tal zu suchen oder die nächste Hütte oder irgendeinen Unterstand, aber ich bin hier nicht mit normalen Menschen unterwegs. Das wird mir auf einmal klar. Meine Mitstreiter sind wettergestählte Naturburschen, denen das Wasser von oben nichts auszumachen scheint, und auch meine Freunde stapfen tapfer weiter. Ich habe inzwischen jegliches Zeitgefühl verloren. Nur ein paar Unverzagte flüstern leise. Wenigstens hält meine Bekleidung, was der Verkäufer mir versprochen hatte. Die Nässe dringt nicht durch bis zu meiner Haut.

Wir laufen erst vier Stunden, verrät mir ein schneller Blick auf die Uhr und ich fühle leichte Panik in mir aufsteigen. Noch zwanzig Stunden? Bin ich irre, dass ich mir das angetan habe? Einatmen, ausatmen. Wie gut, dass ich bei *Let's Dance* war. Atmen hilft, wenn die Panik dein Gehirn zu fluten versucht.

Kann ich jetzt nicht, denke ich. *Ich muss mich auf das Wandern konzentrieren! Dann eben erst mal nur Musik,* entscheide ich.

Zum Glück habe ich Meditationsmusik auf meinem Handy gespeichert und so rette ich mich über die nächsten Stunden. Zuerst nur mit rhythmischen Klängen, dann gehe ich doch zu einer geführten Meditation über, sodass ich in eine Art Flow komme.

Doch irgendwann zieht die Dunkelheit herauf und da ist sie wieder: die Angst vor der eigenen Courage. Ich beschleunige meinen Schritt, um auf gleiche Höhe zu kommen mit einem der Bergsteiger. Er schaut kurz zu mir rüber und nickt, als ich anfange, neben ihm zu laufen, und in den gleichen Schritt falle wie er. Wir werden ein Team, ohne groß darüber zu reden. Toni hilft mir, unverletzt über rutschige Stellen zu kommen, denn durch den Dauerregen ist der Boden überall aufgeweicht. Aber Aufgeben ist keine Option. Niemand hält an oder legt sich irgendwo mitten in den Bergen zum Schlafen. Das Team hält zusammen, ohne dass das vorher abgesprochen war. Ich möchte tausendmal aufgeben, aber ich merke, dass mein Wille stärker ist als mein Körper. Also laufe ich weiter. Stunde um Stunde und irgendwann geht eine weitere Tür in meinem Bewusstsein auf und dahinter stehe ich und darf stolz auf mich sein.

Das hier mache ich ganz allein.

Ich ziehe das durch.

Vierundzwanzig Stunden lang, bis wir wieder unten im Tal sind. Als wir da endlich ankommen, wartet schon eine festlich in Tracht gekleidete Menschenmenge auf uns und bejubelt jeden einzelnen Wanderer.

Die Alphörner blasen Salut für uns alle, die wir uns wie Cäsars Legionen fühlen, die aus einer siegreichen Schlacht heimkommen. Von allen Seiten höre ich Glückwünsche und kann sie voller Freude und Stolz annehmen. Ich habe durchgehalten und das fühlt sich richtig gut an.

IM EINKLANG

Nach diesem sehr besonderen Selbstfindungstrip möchte ich noch ein langes Wochenende mit meiner Mutter bei meinem Qigong-Guru Robert Peng in Dänemark verbringen. Erst der Körper, dann die Seele. Das ist der Plan. Ich habe diese Reise als Überraschung für sie geplant, sodass ich ihr erst kurz davor, als ich Noah in Berlin besuche, wo auch sie wohnt, beim gemeinsamen Abendessen zu dritt davon erzähle.

Mama schaut mich an und sagt: „Aber Kind. Da hättest du mich fragen müssen. Ich habe andere Pläne fürs Wochenende."

Wie? Meine Mutter hat andere Pläne?

Noah schaut zwischen uns beiden hin und her und setzt dabei sein breites Grinsen auf. „So kann's gehen, Mama. Stell dir vor, Oma hat ihr eigenes Leben."

Schlagartig wird mir klar, in welche Situation ich mich da gerade manövriert habe. Ich bin enttäuscht, denn ich hatte mich so auf ein Mutter-Tochter-Wochenende gefreut.

Noah merkt das, denn er kennt mich wie kein Zweiter. Auf einmal sagt er: „Könntest du dir vorstellen, aus dem Mutter-Tochter-Trip eine Mutter-Sohn-Reise zu machen? Ich würde gerne mitkommen."

Mein Mutterherz springt vor Freude. „Das wäre das Schönste überhaupt", strahle ich.

Und so machen wir es dann und fliegen zwei Tage später zusammen nach Dänemark, um unsere Seelen in Einklang mit dem Universum zu bringen.

Obwohl Noah kein völliger Neuling in Sachen Spiritualität ist, wusste er von Qigong bisher nur, dass ich es praktiziere und eine DVD mit

Übungen veröffentlicht habe. Aber er war schon immer fasziniert von Robert Peng, der einer meiner großen Mentoren ist. Ob man jetzt dran glauben mag oder nicht, aber der Meister rammt sich Essstäbchen mit solcher Kraft gegen die Brust, dass die durch den Aufprall zerbrechen – alles durch die Kraft seines Geistes.

Zusammen mit Noah fahre ich also nach Kopenhagen, um an seinem Qigong-Workshop teilzunehmen. Als wir ankommen, wird mein Sohn bestaunt wie ein Alien, denn den Kurs haben fünfzehn Frauen, zwei verirrte Yogalehrer und ein asketischer Ernährungsexperte – alle mittleren Alters – gebucht, sodass Noah den Altersdurchschnitt entscheidend senkt.

Und dann geht es los: Wir lernen, wie wir die Energie des Universums in uns aufnehmen können, erfahren Wissenswertes über unsere Lebensenergie, das Qi, die Meridiane, das Tor zum Himmel. In Theorie und Praxis. Jeden Tag acht Stunden lang. Wir sitzen mit wildfremden Menschen im Raum und lauschen auf den Atem des anderen, geben ihnen Energie. Man muss sich auf diese Gemeinschaft einlassen, aber meine Kinder haben da zum Glück keine Berührungsängste. Noah setzt sich ungerührt mit seiner bunten Strickmütze auf den dunklen Locken zwischen all die Fremden, nimmt sein Notizbuch raus und schreibt auf, was ihn interessiert.

Heimlich blicke ich immer wieder zu meinem Sohn rüber und bin stolz, wie offen er allem Neuen begegnet. Wir Mütter wollen ja nicht, dass unsere Kinder so werden wie wir. Aber wir freuen uns, wenn sie uns zuhören und offen für die Dinge sind, die uns begeistern. Mir hat Qigong geholfen, in Einklang mit der Natur zu leben. Jetzt sieht auch mein Sohn, was auf diesem Wege alles möglich ist. Es ist ein Angebot. Seinen eigenen spirituellen Weg muss er für sich allein finden. Ich freue mich darauf, ihn dabei zu beobachten.

Studenten-bude

Ich stehe an der Theke unserer Burda Bar und schaue auf den perfekten Schaum meines Cappuccinos, als ich einen Stoßseufzer höre. Neben mir steht mein Kollege Berndt mit einem Gesicht wie sieben Tage Regenwetter. Also frage ich nach, was los ist.

„Mein Sohn …", bekomme ich als kryptische Antwort.

„Ach ja? Dein Super-Trouper-Einser-Abiturient?" Berndts Sohn war ein Überflieger in der Schule. Wenn bei uns der Mathevierer ins Haus flatterte, konnte sich der Kollege mit Gewissheit gerade einmal wieder über eine glatte Eins in Mathe, Chemie *und* Physik freuen.

„Was kann bei dem Sohn schon schiefgehen?", frage ich vorsichtig bei ihm nach.

„Na, wir wohnen doch in einer wirklich schönen Maisonettewohnung und Tobi hat da ein super Zimmer, aber jetzt ist er ausgezogen in ein Zehn-Quadratmeter-Loch im Studentenheim, wo das Bett über seinem Schreibtisch hängt. Ich verstehe das nicht und zahlen müssen wir das natürlich auch noch. Der kann sich da doch gar nicht wohlfühlen! Ist doch absoluter Blödsinn."

Ich lege ihm mitfühlend die Hand auf die Schulter und sage nichts. Was mir durch den Kopf geht, will Berndt jetzt sowieso nicht hören.

HAUPTSACHE WEG!

Sehen wir den Tatsachen ins Auge, liebe Eltern. In was für einem Loch man mit zwanzig wohnt, ist den Kids piepegal. Hauptsache, es ist nicht bei uns zu Hause.

Die Kinder wollen endlich ihre eigenen vier Wände, und seien sie noch so schäbig. Sie wollen nicht mehr gehegt, gepflegt oder gar kontrolliert werden. Denn so empfinden sie plötzlich unsere Fürsorge, und sei sie noch so gut gemeint. Wenn man Glück hat und das Kind in derselben Stadt studiert, in der man selbst wohnt, gibt es vielleicht noch regelmäßige Besuche, um sich am Sonntag den Bauch vollzuschlagen, oder man schafft es, sie anzulocken, in dem man vorgibt, technische Probleme zu haben – etwas, das meine Freundin Susanne schon seit geraumer Zeit mit Erfolg praktiziert, wie sie neulich verriet. Mal spinnt der Computer, die Bilder werden nicht auf dem Tablet gespeichert oder sie braucht ganz dringend einen Hundesitter für ein paar Stunden. Dann rückt Jakob aus der Stadt bei Muttern im Vorort an, wird ausgiebig bekocht und befragt, wie es sich so lebt mitten im Schwabinger Univiertel.

Ich dachte ja immer, vor allem Jungs flüchten sofort nach Erreichen der Volljährigkeit aus Hotel Mama, aber meine Freundin Desiree machte das Gleiche mit ihrer Tochter Leni mit und schüttelt noch heute fassungslos den Kopf, wie erbarmungslos ihr süßes Herzensmädchen das durchgezogen hat. Zwei Wochen nach ihrem achtzehnten Geburtstag verkündete Leni ihrer sprachlosen Mutter, dass sie am kommenden Wochenende ausziehen werde.

„Ich fiel aus allen Wolken", erinnert sich Desiree. „Ich hatte echt überhaupt keine Ahnung von ihren Plänen, war weder involviert in die Wohnungssuche noch in die Überlegungen zuvor. Leni wollte noch nicht einmal, dass ich ihr beim Umzug helfe."

Leni packte selbst ein, was sie mitnehmen wollte – und ließ vollkommen emotionslos einen großen Karton zurück, den ihre Mutter bitte entsorgen sollte.

„Da saß ich dann an jenem Samstagabend und starrte auf die Reste von Lenis Kindheit. Aus traurigen Augen schaute mich der große Sigikid-Hase an. Das alles habe ich unter Tränen in den Keller transportiert. Nein, ich würde das nicht wegwerfen. Ich nicht!"

In ihrer Not wollte Desiree sich von ihrer Mutter trösten lassen. Doch die schaute sie nur an und sagte: „Du wunderst dich? Leni ist wie du, ganz ihre Mutter."

Da haben wir es mal wieder. Die Kinder halten uns einen Spiegel vor und manchmal passt uns nicht, was wir da sehen. Vor allem, wenn sie sich ähnlich verhalten wie wir in unserer Jugend.

Es dauerte Monate, bis Desiree ihre Enttäuschung überwunden hatte, endlich in den Spiegel sehen und den lockeren Spruch ihrer Mutter einordnen konnte: „Ich dachte zurück an mich selbst in diesem Alter und musste mir eingestehen, dass auch ich mit siebzehn Hals über Kopf zu Hause ausgezogen war. Es war zu eng, zu reglementiert, zu kontrolliert. Nichts war mir heiliger gewesen als meine Freiheit, nichts hätte mich von diesem meinem Weg abhalten können."

Ja, Leni war wie sie. Und sie würde genauso ihren Weg gehen. Desiree akzeptierte die neue Wohnsituation in ihrer Familie – und sagt inzwischen: „Leni und ich nehmen uns heute viel mehr Zeit für Gespräche über Gefühle. Sie sagt, dass sie das früher vermisst habe. Ich sage, dass ich das damals versucht habe. Es gibt also zwei Realitäten."

Und immerhin wohnt Leni nur fünfzehn Minuten entfernt von ihr in München. Das kam ihr nur am Anfang wie eine Weltreise vor …

GANZ WEIT WEG

Barbara und ich haben nicht so ein Glück. Unsere Kinder leben in anderen Städten. Für mich bedeutete das: Umzug nach Frankfurt in ein kleines Apartment mit Miniküchenzeile direkt neben der Uni. Das hatte Nicholas sich selbst ausgesucht und auch selbst den Mietvertrag unterschrieben.

Seit wann dürfen Kinder das eigentlich alles allein?

Ach, Mist, ich vergesse immer, dass Nicholas längst volljährig ist. Der darf nicht nur selbst unterschreiben, er muss! Und wir dürfen keine Auskunft mehr erhalten. Datenschutz!

Zwischen Eltern und Kindern? Wer hat sich eigentlich diesen dämlichen Mist ausgedacht? Ich dachte, ich bleibe für immer seine Mama. Neulich wollte ich nachfragen, wann seine Kreditkarte kommt, und habe keine Auskunft erhalten! Geht's noch?

Ende August ist es endgültig so weit. Das Kind zieht aus. Ich kriege Herzrasen, Bluthochdruck, Augenflattern. Alles. Aber nur innerlich. Wenn ich eines in den letzten Monaten gelernt habe, dann, dass das hier mein Problem ist – und nicht seines. Nicholas merkt also nichts davon, was in mir los ist. Ich ziehe die perfekte „Ich bin sowas von cool"-Show ab.

In seinem Zimmer stapeln sich die Kisten, er nimmt gerade zum zehnten Mal seinen chinesischen Tonkrieger in die Hand und fragt: „Meinst du wirklich, ich soll den auch mitnehmen, Mama? Ich will ja nicht alles vollstellen in meinem Apartment."

Der Tonkrieger wandert am Ende doch in den Umzugskarton, aber sonst lässt er viel zurück bei seinem Neustart. *Ich müsste echt mal ausmisten*, denke ich. Im Keller habe ich ein ganzes Zimmer voll mit Spielsachen, Plüschtieren, Spielkarten, Kinderbüchern, alten Playstations. Räume ich schon irgendwann aus. Nur eben jetzt noch nicht. Dieses endgültige Abschiednehmen von der Kindheit meines Sohnes schiebe ich vor mir her wie einen riesengroßen, schier unüberwindlichen Berg. Ich bräuchte für das Ausmisten Hilfe oder einen Anlass oder am besten eine Horde Kinder, die das alles mit Begeisterung ausräumt und wegschleppt. Morgen recherchiere ich mal. Aber heute nicht. Heute muss ich erst diesen Umzug hier überleben.

Ich habe mich ja durch die Reisen von Nicholas in den vergangenen Monaten schon ein bisschen daran gewöhnt, dass er nicht da ist. Das war wie ein Auszug in Minihäppchen, für mich wesentlich besser verdaulich als ein abruptes Tschüss, wird mir gerade klar. Ich habe bereits viel mehr Übung im Loslassen als noch vor einem Jahr, als Nicholas gerade sein Abi geschafft hatte und ich mich völlig überfordert fühlte von der neuen Situation. Aber spätestens seit Japan weiß ich, dass mein Kind das alles locker wuppen wird.

So ganz heimlich nimmt auch das Schreibzimmer, mit dem ich schon eine ganze Weile liebäugle, in meinem Kopf immer mehr Gestalt an. Ich liebe den Blick von seinem Zimmer hinab ins Grüne. Eine herrliche Inspiration zum Schreiben. Hm, das ist jetzt wirklich mal eine erfreuliche Perspektive, die mir immer besser gefällt. Dafür würde sich das Ausräumen gleich doppelt lohnen. Ein Schlusspunkt hinter das Kapitel Kindheit und ein Neustart für mich. Aber erst mal müssen wir den Umzug hinter uns bringen.

Wir räumen alles in den Umzugsanhänger. Das aufblasbare Bett für die Freunde, die sich schon als Übernachtungsgäste in Frankfurt angekündigt haben. Teller, Pfannen, Töpfe, Bettwäsche – eben ein ganzer Haushalt. Die Koffer mit den Klamotten. Selbst das Bad leert sich, das die Herren der Familie teilen. Es wird leer, überall.

Als ich zum gefühlt zwanzigsten Mal mit einer weiteren Kiste aus der Haustür trete, muss ich mich echt zusammenreißen, jetzt nicht doch in Tränen auszubrechen. Unsere süße weiße Hundedame sitzt mitten zwischen den Kisten im Umzugsanhänger und hat den traurigsten Hundeblick der Welt aufgesetzt. Nicholas hat sich neben sie gesetzt und krault sie mit Hingabe.

„Du kannst nicht mit, Aylin", sagt er leise.

„Das möchte sie aber", bohre ich in der Wunde, obwohl ich das vielleicht nicht tun sollte. Ich setze mich neben die beiden.

„Ich würde sie auch gerne mitnehmen, aber das geht ja leider nicht", presst mein Sohn hervor. „Ist ja kein Platz in meiner Bude und außerdem lebe ich mitten in der Stadt."

Aylin ist sein Hund. Er hat sie sich zu seinem zwölften Geburtstag gewünscht und damals sein ganzes Geburtstagsgeld von den Omas mit in den Topf geworfen, um sie beim Züchter zu bezahlen. Ausgesucht hat er sie auch. Da war sie gerade mal vier Wochen alt und kam auf wackeligen Beinchen auf ihn zugeschwankt. Es war Liebe auf den ersten Blick. Bei beiden. Später lagen sie oft lange zusammen auf der Couch, wenn die Welt draußen mal wieder ganz blöd war. Und sie rannten fast täglich gemeinsam durch den Wald, um das Fitnesslevel zu steigern. Hund und Kind – eine eingeschworene Gemeinschaft, die jetzt zerrissen wird.

Ich muss schlucken. Das ist doch einfach totaler Bullshit! Ich will nicht, dass mein Kind auszieht, und unser Hund auch nicht und Tiere haben doch ein untrügliches Gespür für das, was richtig ist, oder? So heißt es doch immer.

Was mache ich jetzt? Das, was ich denke, darf ich jetzt auf keinen Fall sagen, denn das würde alles noch so viel schwerer machen. Also versuche ich, unseren Hund mit einem Leckerli aus dem Hänger zu locken. Vergeblich. Tiere können ja so stur sein. Also sitzen Nicholas und ich vor unserer Einfahrt und diskutieren mit einem Hund! Das kann vermutlich nur verstehen, wer selbst Hundebesitzer ist.

„Ich gehe mal mit Aylin eine Runde laufen", sagt mein Sohn endlich. Vermutlich gerade das einzig Richtige, bevor seine Mutter hier den totalen Sentimentalitätsanfall kriegt. Aylin springt freudig aus dem Wagen und wedelt mit dem Schwanz, als Nicholas in Laufschuhen vor dem Hänger steht. Gassigehen funktioniert immer.

Ich schleppe mich ins Haus und packe weiter. Die zwei Tränen sieht mein Sohn nicht. Soll er auch nicht. *Jetzt reiß dich mal zusammen*, fahre ich mich selbst an – und gönne mir im nächsten Moment eine typisch mütterliche Übersprungshandlung. Ich fahre in den Supermarkt. Es ist heiß und bei uns steht ein Grill im Garten. Also kaufe ich schöne Steaks, Bratwürste und Hühnchen für Thai-Satai-Spieße. Wer weiß, wann das Kind mal wieder etwas Gescheites zum Essen bekommt, wenn er so allein in Frankfurt sein Leben fristen muss. Ich lege noch Kartoffeln und Brokkoli und Salat in den Einkaufswagen und natürlich eine riesengroße Portion von seinem Lieblingseis mit den Cookies drin.

Als ich wieder vor der Haustür stehe und die vollgepackten Körbe mit Essen ins Haus schleppe, sehe ich, dass ich mit meiner Idee goldrichtig gelegen habe, denn inzwischen ist die Bude voll. Jakob, David, Maxi und Dominik wollten nur mal kurz an Nicos letztem Tag vorbeischauen, wie sie sagen. Und eigentlich haben sie auch alle gar keinen Hunger, aber als der Grill munter glüht und die Steaks brutzeln, sitzen wir alle zusammen um den großen Gartentisch. Herrlich!

Die anderen vier bleiben alle zum Studieren in München, hatten aber keine Chance, Nicholas auch dazu zu bewegen. Er will lieber in Frankfurt BWL studieren – und zwar auf Englisch, also Business Administration. Diese Sprache liegt ihm nämlich viel mehr als Deutsch – obwohl er mit zwei studierten Germanisten als Eltern eigentlich die idealen Ausgangsbedingungen gehabt hätte. Aber manchmal fällt der Apfel eben doch ziemlich weit vom Stamm – ob man will oder nicht!

Auf Nicholas warten also lange englische Abhandlungen über Mikro- und Makroökonomie, Statistik und reichlich anderer Quatsch mit Fachbegriffen – ein totaler Albtraum in meinen Augen. Aber nicht für meinen Sohn. Das alles zu lernen, macht ihm Spaß! Hilft dem Kind ja auch nichts, wenn seine Eltern die deutsche Sprache lieben, aber er selbst Englisch als die coolere Sprache für sich entdeckt hat.

„Die Kinder machen einfach, was sie wollen", hat eine liebe Kollegin neulich geseufzt. Sie hat zwei erwachsene Söhne und wollte so gerne, dass einer Biologie studiert. Pustekuchen. Weder Argumente noch liebevolles Drängen halfen. Er hat sich einfach dem sanften mütterlichen Diktat entzogen und wird jetzt Profiler. Eigentlich sensationell, wenn man mich fragt. Aber als Mutter sieht man das vielleicht anders. Mein Mann musste mit Anfang zwanzig riesige Kämpfe mit seinem Vater ausfechten, weil der es total idiotisch fand, dass sein Sohn so eine brotlose Kunst wie deutsche Literatur studieren wollte. Das ist teilweise so eskaliert, dass Matthias monatelang gar nicht mehr nach Hause fuhr, weil nach fünf Minuten der Streit losging.

„Du studierst in die Arbeitslosigkeit!" oder „Komm nicht nach Hause und versuche später, Geld von mir zu bekommen". Diese Sätze musste er sich in zahlreichen Varianten anhören, geändert haben sie nichts. Germanistik war sein Ding. Diese Erfahrung saß so tief bei ihm, dass er jetzt immer wieder betont hatte, Nicholas solle sich bloß selbst aussuchen, was er wo studieren will. Und da waren wir uns total einig.

Man kann es sich so richtig verscherzen mit seinen Sprösslingen, wenn man sich da zu sehr einmischt. Gemeinsam überlegen, was passen würde – okay, das habe ich auch gemacht. Ich habe mir wochenlang die Vor- und Nachteile jeder Unioption angehört, aber allein schon aus fachspezifischen Gründen konnte ich meinen Sohn nicht beraten. Nicholas hat dann selbst recherchiert bei Freunden und Bekannten aus dem Wirtschaftsbereich. Und so wurde es Frankfurt, weswegen wir jetzt wirklich den Anhänger fertig beladen müssen.

Nicholas' Freunde haben sich mit ihren vollgefutterten Bäuchen wieder verkrümelt, später gibt es noch irgendwo eine Party, zu der mein

Sohn unbedingt hingehen will. „Du hast nicht erwartet, dass wir den letzten Abend gemeinsam daheim verbringen, oder?"

Mein Sohn schaut mich kurz an, ehe er im Bad verschwindet.

Nein. Natürlich nicht. Ich sage nichts. Und ich bin auch nicht enttäuscht oder so. Ich freue mich, dass seine Freunde eine Abschiedsparty für ihn geben und dass sie ihn alle bald in Frankfurt besuchen wollen. Mein Mann blickt hoch konzentriert auf sein iPad, als ich nach oben gehe. „Den Akkuschrauber hast du eingepackt?", frage ich kurz und ernte ein „Hm". *Jetzt entspanne dich mal*, ermahne ich mich selbst. *Es ist nicht nötig, dass du alles fünfmal kontrollierst. Ist nur ein Umzug.*

Ich schnappe mir Aylin und laufe über unsere Felder in Richtung Wald. Jedes Mal, wenn wir unsere Stammstrecke laufen, geht mir das Herz auf. Die Natur hat mir schon immer Kraft gegeben, ich hatte nur vergessen, das bewusst zu genießen. Jetzt atme ich die Waldluft ein und höre auf meinen Körper und mich. Ich jogge nicht, das mochte ich, wie gesagt, noch nie, aber ich komme schnell in meinen eigenen Rhythmus und lasse die Gedanken schweifen. Das Slow Jogging ist inzwischen schon Routine für mich.

Aktive Selbstfürsorge nennen das wie gesagt Psychologen. Man soll und darf die eigenen Grenzen erkennen und akzeptieren, man darf auch mal einen gewaltigen Durchhänger haben, aber irgendwann sollte man sich neue Kraftquellen erschließen. Und meine täglichen Waldläufe sind meine ganz persönliche Kraftquelle.

Nach einer Stunde kehre ich genauso ausgepowert und zufrieden wie mein Hund zurück nach Hause. Wir lassen uns beide fallen. Aylin ins Körbchen, ich aufs Sofa. Später lese ich weiter in meinem derzeitigen Lieblingsschmöker, bis mir vor Müdigkeit die Augen zufallen.

Irgendwann mitten in der Nacht höre ich Nicholas die Treppe hochpoltern. *War wohl ein lustiger Abschied*, denke ich im Halbschlaf. So richtig zur Ruhe komme ich nämlich trotz Powerwalk nicht in dieser letzten Nacht, in der mein Kind noch mit mir unter einem Dach wohnt. Warum beschweren sich andere Eltern, dass sie keine Lust haben, auf Dauer Hotel Mama zu spielen?

Ich hätte nichts dagegen, wenn der morgige Tag noch mindestens fünf Jahre oder so auf sich warten ließe.

Wie war das damals bei mir?

Ich horche in mich hinein und finde die Neunzehnjährige, die nicht schnell genug die oberbayerische Kleinstadt verlassen konnte, um sofort in München zu studieren. Meine Mama ist damals nicht mitgefahren, als ich umgezogen bin, fällt mir dabei zum ersten Mal in meinem Leben auf. Sie stand auf der Straße und hat uns hinterhergewinkt, als ich mit meinem Vater und meinen Kisten in seinem VW-Bus aufgebrochen bin. Ich habe nicht gefragt, wie sie sich fühlt, weil mein ganzer Fokus auf meiner Zukunft lag und Mama dort blieb, wo sie immer war. Was war ich aufgeregt und ängstlich, aber natürlich auch voller Vorfreude! Und ist ja auch alles gut gegangen, nachdem ich mein erstes großes Heimwehtief an Weihnachten überwunden hatte.

Also! Was soll denn schon bei Nicholas schiefgehen? Der wird das genauso hinkriegen. Eher noch leichter. Und was wird das mit mir machen, wenn ich nicht mehr ständig als Hotelwirtin, Köchin und persönliche Assistentin gefragt bin? Wie leer wird das Haus ab morgen sein? *Ach, das bist du doch schon gewohnt*, spreche ich mir selbst Mut zu. Dieser Abschied auf Raten hatte auch sein Gutes, denn jedes Mal, wenn Nicholas wieder nach Hause kam, war er ein Stück erwachsener – und ich ein bisschen freier von der Mutterrolle, die so lange mein Leben bestimmt hatte. Ich habe das superenge Korsett der Working Mom in den vergangenen Monaten vorsichtig aufgeschnürt und merke immer mehr, wie schön es ist, wieder etwas freier atmen zu können. Ohne den ständigen Blick auf die Uhr und ohne diese riesige Verantwortung.

Ich schlummere endlich ein und werde gefühlt zwei Stunden später von meinem scheppernden Wecker aus unruhigen Träumen gerissen. Wir wollen nicht zu spät losfahren, denn so ein Umzug hat es ja durchaus in sich. Erstaunlicherweise ist mein Sohn schon wach und steht gut gelaunt unter der Dusche. *Na, der ist wohl doch ein wenig aufgeregt*, grinse ich in mich hinein. Ich besorge noch ein paar Butterbrezen für die Fahrt, dann brechen wir auch schon auf. Mein Mann fährt mit dem

Hänger hinterher, während ich mindestens vier Stunden Autobahn als Beifahrerin vor mir habe, denn ich darf in der kleinen Reisschüssel meines Sohnes Platz nehmen. Ganz schön eng und ganz schön niedrig, die Kiste, aber sein ganzer Stolz.

Kaum geht es los, dröhnen mir auch schon die Bässe in voller Lautstärke entgegen.

Kurzer Blick zu mir: „Das brauche ich. Sonst schlafe ich ein, war ja eine kurze Nacht."

Plopp, noch ein Red Bull und ich versuche, nicht allzu hysterisch auf all die Laster zu reagieren, die neben uns wie rollende Monster wirken. Die sehen uns hier unten doch gar nicht. Hilfe! Und mein Kind fährt immer dieses Auto! Wir hätten ihm einen riesigen, rundum gepolsterten SUV kaufen sollen!

Mist. Sind ja auch nicht mehr politisch und ökologisch korrekt.

Aber diese Autos sind sicher!, ruft mein Mutterherz.

Einatmen, ausatmen, nicht aufregen.

Nicholas fährt ja zumindest absolut sicher. Eindeutig ein Vorteil bei Jugendlichen, die auf dem Land ohne S-Bahn-Anschluss aufwachsen. Er ist gerade mal neunzehn und hat schon seit fünf Jahren einen fahrbaren Untersatz. Mit vierzehn das erste Mofa, das gerade mal fünfundzwanzig Stundenkilometer fuhr.

Dafür musste er schon einen Führerschein machen, dann mit sechzehn die nächste Stufe. Mopedführerschein und eine etwas größere Maschine. Da war ich nicht so happy, muss ich zugeben. Aber beim Thema Motorrad hatte ich in unserer Familie keine Chance.

Vater und Onkel hatten jahrelang eine Maschine und der Großvater ist mit der Oma kurz vor dem Bau der Mauer von Sachsen nach Nürnberg geflohen – auf einem Moped.

Versuchen Sie mal, sich als besorgte Mutter gegen so eine Testosteronübermacht zu behaupten!

Ich entspannte mich erst zwei Jahre später wieder, als zum achtzehnten Geburtstag und dem Abitur die kleine Reisschüssel das Moped ablöste, in der ich nun die nächsten Stunden verbringen muss …

ALLES NUR GUT GEMEINT

Endlich sind wir in Frankfurt und finden sogar einen Parkplatz direkt vor dem Studentenwohnheim. Stolz zeigt mir mein Sohn sein neues Zuhause und eigentlich finde ich es ganz schick. Hier wird er also – bis auf die Auslandssemester – die nächsten Jahre leben. Hoffentlich hat er nette Nachbarn und lernt bald ein paar neue Freunde kennen. Nicht, dass er sich in der großen Stadt einsam fühlt.

„Wie findest du es?", fragt Nicholas gespannt, denn das hier hat er sich ganz allein ausgesucht.

„Schön", sage ich. „Richtig schön. Hier wirst du dich bestimmt wohlfühlen." Nein, ich nehme ihn nicht in den Arm und heule rum, wie sehr ich ihn vermissen werde. „Komm. Lass uns doch unten mal das Café ausprobieren, sieht nett aus", sage ich stattdessen.

Wenig später sitzen wir vor zwei riesigen Cappuccinos und lassen die neue Umgebung auf uns wirken. Eine Stunde später ist auch Matthias da und wir schleppen die Kisten hinauf in das neue Reich meines Sohnes, der wiederum eine Stunde später völlig entnervt ist.

„Mann, ich hab doch gesagt, dass das alles viel zu viel ist. Ich brauche wirklich nicht drei Pfannen!"

Habe ich wirklich drei Pfannen eingepackt? Oh. Und acht Töpfe? Kleinlaut räume ich einiges wieder in die Kisten. Auch die zehn Teller sind zu viel, wird mir jetzt klar, als ich die eigentlichen Dimensionen des Apartments sehe.

„Ich hab's ja nur gut gemeint", murmele ich vor mich hin.

Ich glaube, das ist das Schlimmste, was eine Mutter zu ihrem Kind sagen kann, denn es bedeutet: Ich will nur dein Bestes, aber das verstehst du nicht. Dabei bin ich diejenige, die nicht versteht, wird mir in diesem Moment wie so oft in den letzten Wochen klar.

Meine Aufgabe ist es nicht mehr, meinem Sohn zu sagen, was das Beste für ihn ist – sondern ihn zu unterstützen, mich nach seinen Wünschen zu richten. Denn das ist sein Leben, in dem er die Entscheidungen trifft.

„Wir dürfen den Tisch nicht vergessen", höre ich die Worte meines Sohnes wie durch eine Nebelwand zu mir rüberwabern.

Stimmt! Der Tisch!

Wir sind alle schon völlig erschöpft vom Kistenschleppen in der Sommerhitze, aber das hilft jetzt nix. Wir müssen noch zu einem Möbeldiscounter, um Tisch und Stühle zu finden. Bett haben wir schon liefern lassen, Küchenzeile und Bad sind drin, aber Nicholas muss ja auch irgendwo sitzen und essen und lernen und überhaupt. Also los mitsamt dem Anhänger.

„Weiß einer, wo hier die Möbelhäuser sind?", frage ich mal so nach und bekomme ein zweistimmiges „Nö". Warum auch? Muttern ist ja an Bord und wird sicher recherchiert haben, wo man günstig einkaufen kann.

Na toll. Hier ist mein Einsatz also wieder wichtig.

Ich glaube, das ist es, was mich im Augenblick stresst. Dass ich noch immer nicht ganz aus dem Spiel bin, dass ich sozusagen selbstverständlich für das Organisatorische zuständig bin, während sich die Herren um die großen Dinge kümmern können. Ihren Gedanken nachhängen anstatt auch mal Herrn Google nach Möbelhäusern zu befragen. Ja klar, selbst schuld. Solche Sachen habe ich mir eigenhändig in die mütterliche Jobbeschreibung eingetragen, weil ich einfach alles immer gleich recherchiert habe, als darauf zu warten, dass es jemand anderer macht. Eine fatale Kombi aus Journalistin und Mama Kontroletti, die nichts dem Zufall überlassen will. Weil nur ich weiß, was gut und richtig ist.

Vollkommener Blödsinn, muss ich mir nun selbst eingestehen. Ich meckere also von hinten: „Das schaust jetzt du mal nach!" Und oh Wunder, der Herr Sohn findet nicht nur ein Möbelhaus, sondern sogar die Adresse. Also, los geht's! Kann ja nicht schwer sein, einen passenden Tisch zu finden. Wir halten vor Station eins und tapern durch riesige Hallen mit Ausstellungsware.

„Der ist doch cool", strahlt mein Sohn plötzlich. Klar. Tausendzweihundert Euro und acht Wochen Lieferzeit. Die Begeisterung verpufft innerhalb eines Sekundenbruchteils, als Nicholas klar wird, dass wir tatsächlich einen günstigen Tisch suchen, den man sofort mitnehmen kann. Also raus hier und weiter zu IKEA. Da findet mein Herr Sohn absolut gar nichts, was ihm gefällt. Wir gehen sogar ohne Teelichter.

Ja, solche Menschen wie ihn gibt es.

Ich versuche, verständnisvoll zu sein und zu lächeln, doch bei meinem Mann braut sich etwas zusammen, das sehe ich deutlich. Immerhin haben wir schon die Autofahrt und das Kistenschleppen hinter uns.

Station drei ist ebenfalls ein Reinfall und bei Station vier werde ich dann deutlich: „Wir kaufen jetzt hier einen Tisch! Ich habe keinen Bock mehr." Ja, ich kann auch zickig werden! Und *tata!* Da steht er auch schon. Ein stinknormaler Holztisch, dazu eine Bank und zwei Stühle, total annehmbarer Preis und alles sofort zum Mitnehmen. Halleluja! Eine Lampe finden wir auch noch, reduziert und stylisch. Geht doch.

Also alles in den Hänger und ab zum Apartment.

Gerade als wir die einzelnen Teile polternd abgelegt haben, klopft es energisch an die Wohnungstür. Wer ist das jetzt?

Der Hausherr, sprich mein Sohn öffnet und freut sich noch über den ersten Besuch, doch das Lächeln vergeht ihm in einer Nanosekunde. Denn vor ihm steht ein riesiger, voll tätowierter Muskelmann mit Glatze und schnauzt ihn an, dass er echt keinen Bock habe, dass diese „Scheißtür alle zehn Minuten mit einem riesigen Knall auf- und zugemacht wird".

Mein Mutterherz rutscht in die Hose. Mische ich mich ein? Nein. Das muss er jetzt selbst regeln – und das macht Nicholas auch.

„Hey. Sorry, Mann. Tut mir echt leid, dass das nervt, aber ich ziehe hier gerade ein und wir schleppen halt die ganzen Kisten hoch."

Interessiert den Typen anscheinend nicht. „Ist mir scheißegal. Meine kleine Tochter ist heute zu Besuch und schon zweimal aufgewacht wegen dem Lärm und überhaupt. Räum gefälligst den Dreck hier im Flur weg. Sonst melde ich dich bei der Hausverwaltung." Jetzt kann ich doch nicht mehr an mich halten. „Können Sie gerne machen, aber die Hausverwaltung weiß Bescheid, dass mein Sohn heute einzieht", gifte ich den Typen an, der meinen Kleinen gerade so unverschämt anmacht. „Und selbstverständlich räumen wir die Verpackungen weg, wenn wir fertig sind. Ich dachte eigentlich, das hier sei ein Studentenwohnheim, wo man alles etwas lockerer sieht, weil hier nur junge Leute wohnen."

Und dann haue ich dem Kerl einen Blick zwischen die Augen, der ihn eigentlich pulverisieren müsste. Passiert aber leider nicht. Mit einem „Schönen Tag noch" schließe ich die Tür – und schaue in die fassungslosen Augen meines Sohnes.

„Musste das sein?"

Wie jetzt? Ist mein Kind nicht stolz auf mich, dass ich den Kerl in seine Schranken verwiesen habe?

„Ich muss hier leben, Mama! Jetzt habe ich mir schon am ersten Tag meinen Nachbarn zum Feind gemacht. Großartig."

Aber ich habe es doch nur gut gemeint ... Ja eben. Großer Fehler. Er hat ja recht. Er muss hier wohnen und ich fahre morgen nach Hause.

„Aber man kann sich doch auch nicht alles gefallen lassen", versuche ich mich zu rechtfertigen. Doch keiner hört mir zu, denn die Herren versuchen inzwischen, die einzelnen Möbelteile zu sortieren, und machen einen Aufbauplan. Na toll.

„Gib mir mal den Inbusschlüssel", höre ich von meinem Gatten.

Den was?

„Na, das Teil, mit dem ich jetzt die Schrauben reindrehen soll. Ich habe den Akkuschrauber daheim liegen lassen."

Nicht im Ernst? Hatte ich meinen Mann nicht extra gestern daran erinnert? Muss ich echt immer noch an alles denken? Auch an das Werkzeug bei einem Umzug? Aber egal. Diskussionen könnten die angeheizte Stimmung zum Überkochen bringen.

Mein Sohn atmet auch nur hörbar ein und enthält sich ebenfalls jeglichen Kommentars. Die zwei werkeln los, motzen sich gegenseitig an und schwitzen um die Wette – bis irgendwann der Tisch steht. Super.

„Ist mir heiß", schnauft mein Mann und dann macht er etwas, das meinen Sohn laut aufschreien lässt. Er zieht sich seine mittlerweile völlig verschwitzte Jeans aus und macht sich komplett nackig daran, die Stuhlbeine anzubringen. Dazu muss man wissen, dass sich mein Mann im Laufe der letzten Jahrzehnte einen Dad Bod zugelegt hat, sprich einen gut gepolsterten Waschbärbauch. Es ist also durchaus kein Coca-Cola-Mann, der da gerade mitten im Zimmer kniet.

„Papa! Das ist jetzt nicht dein Ernst!" Mein Sohn hat Schnappatmung. Eindeutig. „Das ist meine Wohnung und du verseuchst sie jetzt mit deinem Anblick. Dieses Bild kriege ich nie mehr aus dem Kopf."

Meinem Mann ist das jedoch vollkommen schnuppe, denn in seiner Familie wurde Nacktheit schon immer als etwas völlig Natürliches gepflegt. Wenn Nicholas früher Besuch bei uns zu Hause von seinen Freunden bekam, kontrollierte er vorher lieber erst, ob sein Vater auch wirklich eine Hose anhatte, wofür ihm mein Mann manches Mal das schöne Wort „Spießer" zuraunte. Wohlgemerkt der Vater dem Sohn und nicht umgekehrt.

Jedenfalls müht sich mein Mann jetzt nackt und keuchend mit den blöden Schrauben ab. „Drecksvieh, verflixtes. Warum geht das nicht? Bei diesen Billigteilen hakt doch immer irgendetwas."

Mit roher Gewalt zwängt er das letzte Stuhlbein in die richtige Position, um nach fünf Sekunden festzustellen, dass es anscheinend doch nicht die richtige war. Das Teil wackelt. Also alles noch mal aufschrauben. Seine Handinnenflächen sind mittlerweile angeschwollen, die Finger voller Blasen. Nicholas ist megagenervt, die Stimmung auf dem Tiefpunkt.

„Ich geh mal Putzmittel einkaufen", werfe ich in die Runde und verlasse schnellstmöglich den Ort des Handwerkerwahnsinns. Nur raus da. Junior und Senior im Megaclinch will ich mir nicht länger antun. Noch durch die Tür höre ich, wie sich beide anmeckern.

Draußen atme ich einmal tief durch – und höre zum ersten Mal ganz bewusst den Verkehr auf der großen Straße an der Ecke vorbeirauschen, vierspurig, ungefähr zwanzig Meter neben dem Studentenwohnheim. Puh. Da hätte ich ja gar keine Lust drauf. Ich bin ein Landei. Eindeutig. Wenn Nicholas das Fenster aufmacht, hört er doch den Straßenlärm. Wie soll er denn da überhaupt schlafen? Und wenn er nicht gut schläft, kann er schlecht lernen und dann wird das mit dem Studium nix. Oh mein Gott. Mein Adrenalinspiegel steigt mal wieder. Hat er das nicht bei der Wohnungsbesichtigung gesehen?

Doch, hat er, wie ich später von meinem Kind erfahre. „Ist doch wurscht, Mama. Dafür kann ich zu Fuß in fünf Minuten zur Uni gehen und muss nicht so früh aufstehen. Das ist einfach saupraktisch."

Tja, genau. Außerdem war das seine Entscheidung und nicht meine. Nicholas setzt jetzt seine eigenen Prioritäten und die folgen eben nicht mehr automatisch meinen Ansichten. Und als hätte er meine Gedanken gelesen, sagt er: „Zum Lernen werde ich eh meistens in die Bib gehen, wie alle."

Lektion 245: „Lerne deinem Kind zu vertrauen." Das flüstere ich mir selbst zu, damit es nicht zu albern ist.

Zudem sind ein Drogeriemarkt und ein riesiger Supermarkt ebenfalls in Laufweite. Ich kaufe einen Putzeimer, Schrubber, alle Sorten Putzmittel, Schwämme, Klopapier, Müllbeutel und schleppe meine Beute zurück ins Apartment. Mein Mann ist abgedampft. Matthias will den Hänger schnell wieder nach München bringen, jeder Tag kostet, hat er gesagt. Ich habe allerdings das dumpfe Gefühl, dass sein überstürzter Aufbruch eher Folge einer „Bloß kein Abschiedsschmerz"-Haltung ist. Männer entziehen sich in solchen Situationen ja gerne. Nicholas steht inzwischen unter der Dusche und führt bei lauter Musik rituelle Waschungen durch. So habe ich zumindest den Eindruck. Na, das kann dauern.

Ich lasse mich vorsichtig auf einen Stuhl sinken und schaue mich um. Was er hier wohl alles erleben wird? Ich hoffe, mehr gute als schlechte Zeiten. Loslassen ist ein Prozess, der in kleinen Schritten abläuft, aber dieser hier ist ein großer. Ich gebe mein Kind in einer anderen Stadt, in einer anderen Wohnung ab und keiner weiß, was hier alles auf ihn wartet. Ein blöder Nachbar ist ihm leider schon mal sicher, aber hoffentlich sind solche Begegnungen nur die Ausnahme. *Bestimmt*, beruhige ich mich selbst. Und falls nicht: Ich kann mein Kind nicht in Watte packen, so gerne ich das auch möchte. Konfrontationen gehören leider zum Leben dazu. Man muss auch mal negatives Feedback oder klare Ansagen aushalten können, wenn man etwas falsch gemacht hat. In meinem Job werde ich jede Woche beurteilt, ob die Geschichte gut genug ist, um gedruckt zu werden. Und nicht alle Kollegen sind die besten Buddys, die bedingungslos hinter einem stehen. Da muss man durch. Man muss auch Enttäuschungen aushalten und lernen, damit umzugehen, ohne unterzugehen.

DIE HÄRTEN DES MUTTERDASEINS

Mal abgesehen von Liebeskummer und falschen Männern hatte die größte Enttäuschung meines Lebens paradoxerweise mit einem der freudvollsten Erlebnisse meines Lebens zu tun, nämlich der Tatsache, dass ich Mutter wurde. Die Ressortleitung, die mir angeboten wurde, als ich gerade in der neunten Woche schwanger war, habe ich selbst abgelehnt, weil ich es den Kollegen, mir selbst und vor allem meiner damaligen Chefin nicht antun wollte, eine Zeit lang nicht jederzeit verfügbar zu sein. Nach drei Monaten Mutterschutz bin ich zackig zurück in den Job – alles möglich durch die wundervolle Unterstützung meiner Schwester Moni und des ein oder anderen Au-pairs. Sonntags und feiertags arbeiten? Gar kein Problem. Das Kind ist untergebracht. Es ist irgendetwas passiert und alle müssen sofort in die Redaktion – auch wenn es elf Uhr abends ist? Klar, Christiane ist dabei.
Umso mehr wunderte ich mich, dass ich geflissentlich übersehen wurde, wenn es um Beförderungen ging. Beim ersten Mal dachte ich noch: *Na, egal. Nicht so wichtig*, obwohl es das natürlich doch ist, denn jeder noch so kleine Aufstieg auf der Karriereleiter bedeutet Wertschätzung und das brauchen wir alle. Beim zweiten Mal war ich so sauer, dass ich heiße Tränen der Enttäuschung weinte und meinem Mann die Ohren vollheulte angesichts der Ungerechtigkeit der Welt. Beim dritten Mal habe ich nicht mehr geheult, ich habe nachgefragt.

Da stand ich also vor der Chefin und wollte wissen, wo denn eigentlich das Problem sei.

„Ich bin immer verfügbar, schreibe viele Geschichten für das Heft. Sie rufen mich auch mitten in der Nacht an, wenn es brennt. Was ist also los?" Ich hatte sie so spontan überrumpelt, dass sie tatsächlich ehrlich antwortete: „Ja, das stimmt. Aber wissen Sie, Christiane, bevor ich Sie anrufe, überlege ich ein paar Sekunden, ob ich Sie jetzt stören soll, denn Sie haben ja eine Familie, und dieses Zögern bei mir selbst nervt mich."

Tja, was soll man da sagen als Mutter? Genau: „Meine Familie kann ich für meinen Job leider nicht abschaffen. Tut mir leid."

Ich fand es bitter, dass gerade eine Frau so denkt. Wenn nicht wir Frauen uns gegenseitig in unserem Muttersein unterstützen, wer dann? Man kämpft doch sowieso die ganze Zeit mit sich selbst und versucht, allen gerecht zu werden. Dem Kind, dem Job, dem Mann. Noch immer gibt es kaum Frauen in Führungspositionen und Mütter als CEOs oder Vorstände sind so etwas wie die Paradiesvögel der Wirtschaft. Dabei sind gerade wir Organisationstalente par excellence. Wir behalten den Überblick im größten Chaos und verschließen trotzdem unser Herz nicht. Wenn das keine Führungsqualitäten sind, weiß ich auch nicht.

Drei Jahre später wurde ich dann übrigens doch noch in die Chefredaktion berufen. Zusammen mit einem jüngeren Kollegen, der erst zwei Jahre da war und Megadruck gemacht hatte. Auch das kennen viele Mütter, dass man im Vergleich zu den Herren der Schöpfung, die ebenfalls Kinder haben, gerne mal eine Ehrenrunde dreht, ehe es auf der Karriereleiter ein Stückchen nach oben geht.

Tja, und jetzt sitze ich hier in der Bude meines Sohnes und es wird mir schmerzlich bewusst, dass die Zeit als arbeitende Mutter endgültig vorbei ist. Nicht weil ich kündige, sondern weil ich jetzt genauso unabhängig leben kann wie meine Singlekollegen.

Ich lasse meinen Jungadler fliegen in die große weite Welt und werde morgen allein nach Hause fahren. Nein, kein Grund für Tränen. Ich bin stolz, wie wir das zusammen gemeistert haben. Und ich verliere meinen Sohn ja nicht, er kommt in Zukunft eben nicht nach Hause, sondern eher zu Besuch, aber das ist voll okay.

Ich wundere mich über mich selbst, über meine Gelassenheit, nach all dem Schmerz und der Leere, die mich in den ersten Monaten immer wieder aus dem Hinterhalt, von hinten durch die Brust ins Auge erwischt haben. Vielleicht haben die vielen Gespräche mit meinen Freundinnen, mein verändertes Freizeitprogramm, aber auch die gemeinsame Reise nach Japan und die Tatsache, dass Nicholas diese Wohnung, diesen Umzug mehr oder weniger allein organisiert hat – und das nicht mal so schlecht –, in meinem Kopf ja wirklich einen Schalter umgelegt?

„Träumst du?", fragt mein Sohn, der plötzlich frisch geföhnt vor mir steht. Und dann räumen wir noch in Ruhe alle Teller und Töpfe in die richtigen Schubladen, sortieren die Hemden nach Farben und machen Platz im Schrank für die Schuhe.

„Schön hast du es hier", sage ich, als wir fertig sind.

„Ja, gell?", strahlt Nicholas. Ich fahre in mein Hotelzimmer, dusche mich und mache mich zurecht für mein Essensdate mit meinem erwachsenen Sohn.

Hach. Daran kann ich mich gewöhnen. Ein tolles Gefühl.

Barbara | Miami

Du bist nicht allein

So, Mädels. Wer hat am meisten geheult, als er sein Kind in einer anderen Stadt zum Studieren abgegeben hat?"

Das fragt mein Freund Chris in unsere Damenrunde und natürlich sagen wir alle gleichzeitig: „Ich!"

VIELE VERBÜNDETE

Ich sitze mit meinen Schwestern im Geiste und unserem mitfühlenden Bruder im Garten, die Dämmerung senkt sich gerade über das Land und die Aussicht auf die Bucht von Miami Beach mit den glitzernden Hochhäusern auf der anderen Seite des Wassers ist atemberaubend. Jetzt im Winter kann es selbst in Miami am Abend kühl werden. Deswegen haben wir uns alle gemütlich in Decken gehüllt, die Flasche Rotwein steht auf dem kleinen Tisch zwischen uns. Und dann geht es los, das Mütterbattle, wie wir es scherzhaft nennen, dabei wissen wir, dass diese gemeinsamen Jammerrunden uns nur noch viel mehr zusammenschweißen – und uns unglaublich Kraft geben. Das Gefühl, nicht allein zu sein, zu erkennen, dass es anderen genauso geht, kann viel dazu beitragen, den eigenen Schmerz nicht zu schwer zu nehmen, sondern als einen ganz natürlichen Prozess im eigenen Leben zu betrachten. Obwohl ich eigentlich das Gefühl habe, dass ich in Sachen Ablösung von meinen Söhnen ganz gute Fortschritte mache, gibt es immer wieder diese Momente, in denen es mir schwerer fällt – und da kann es unglaublich befreiend sein, den Tränen freien Lauf zu lassen. In einem Punkt liege ich in unserem Battle schon mal klar vorne, denn die Kinder von Jen und Heather studieren in den USA. Meine Söhne leben jetzt auf einem anderen Kontinent!

„Dafür will mein Sohn im Auslandssemester nach Kambodscha. Geht's noch?", hält Jen entrüstet dagegen.

Ja, die Kinder machen einfach, was sie wollen und ohne uns zu fragen. Früher haben wir uns gewünscht, dass diese leidigen Diskussionen endlich ein Ende haben, jetzt würden wir gerne mit ihnen diskutieren, wohin die Reise ihres Lebens geht. Doch Pustekuchen. Entscheidungen werden uns nur noch mitgeteilt – und nicht gemeinsam mit uns getroffen. Da macht es keinen Unterschied, ob ein Sohn oder eine Tochter auszieht.

Aber weil wir Jungsmütter mal die weibliche Variante hören wollten, fängt Heather an, deren Tochter Esme in Kansas City studiert. „Auf der Fahrt zur Uni war meine Tochter noch ängstlicher als ich", erzählt sie. „Sie ist von Haus aus ein vorsichtiger Mensch, macht sich immer einen riesigen Kopf, was alles passieren könnte. Also musste ich die supergut gelaunte Mama sein, die absolut positiv gestimmt ist."

In den USA teilen sich die Erstsemester meist ein Zimmer und Heather stürmte mit der Tochter im Schlepptau in deren neues Zuhause. Sie mit einem riesigen Bettbezug über der Schulter, in den sie Kissen, Handtücher, Bettlaken und alles Mögliche sonst einfach hineingestopft hatte. Sie machten die Tür auf und vor ihnen stand ein Innenarchitekt, der gerade dabei war, das Zimmer zu vermessen, Vorschläge für Tapeten, Farben und Vorhänge dabeihatte und das mit der Mutter der Studentin ausgiebig diskutierte.

Heather war verblüfft: „Habe ich was verpasst? Ich dachte, das ist eine Studentenbude und kein Apartment auf der Fifth Avenue in New York." Dafür erntete sie nur einen mitleidigen Blick von Mutter und Tochter.

Wir glucksen längst vor Lachen und auch Heather grinst: „Ich nur so: Okay, sollen sie halt machen. Vielleicht braucht die Kleine eine Extraportion Luxus, weil sie nicht so schlau ist wie meine Tochter."

Was? „Das hast du nicht gesagt?!"

„Nein, natürlich nicht, Mädels. Kriegt euch wieder ein. Ich habe es gedacht, aber ich denke, die Mutter hat es mir angesehen."

Immerhin machte diese Episode das Abschiednehmen für sie und ihre Tochter etwas leichter, denn beide kicherten noch, als sie längst auf dem Parkplatz standen. Heather lächelte ihrer Tochter noch einmal tapfer zu und dann flossen im Auto doch die Tränen.

„Ich konnte gar nicht mehr aufhören zu heulen", erzählt Heather weiter. „Auf der gesamten Heimfahrt habe ich mir gefühlt fünfzig Mal meinen Lieblingscountrysong von Travis Tritt angehört: *It's a Great Day to Be Alive.*" Ja, wenn wir Mütter uns schon in unser Unglück fallen lassen, dann richtig. Mit vollem Schwung und der passenden Schicksalsmelodie. „Vielleicht sind da meine Gefühle mit mir durchgegangen, aber in diesem Moment habe ich mir die Erlaubnis dazu gegeben, denn ich habe das Liebste, was ich auf der Welt besitze, abgegeben."

Es ist ganz still geworden. Ich sitze neben Heather und nehme sie fest in die Arme. Eine Runde Gruppenkuscheln, bis Jen zu sprechen anfängt und davon erzählt, wie sie sich zwei Tage Zeit nahm, um mit ihrem ältesten Sohn Lucas die tausendsiebenhundert Kilometer von zu Hause bis zu seiner neuen Uni in Washington, D.C. zu fahren. Wie immer auf Jens geliebten Roadtrips hatte sie eine Playlist fürs Auto erstellt, dieses Mal mit schwermütiger Musik und Liedern, die für sie eine besondere Bedeutung haben.

„Oh Mann, Jen", sage ich. „Du hast deinen Schmerz ja richtig ausgiebig zelebriert." Jen blickt uns lange an, ehe sie weiterspricht: „Kann sein. Aber Mutter zu sein war meine Bestimmung. Du gibst dein ganzes Herzblut für deine Kinder und arbeitest auf diesen einen Moment hin, an dem du sie in die Freiheit schickst. Aber wenn es so weit ist, bricht dein Herz. Es ist das Ende der Kindheit und vielleicht der Beginn einer neuen Ära. Aber für dich ist es vor allem ein Schlussstrich." In diesem Bewusstsein kostete sie die gemeinsame Zeit im Auto noch einmal voll aus. „Ich liebe generell diese Gespräche im Auto. Du sitzt stundenlang nebeneinander und die Zeit steht irgendwie still, während du dich weiterbewegst. Lucas und ich waren uns noch einmal ganz nahe und das habe ich unglaublich genossen."

In Washington erwartete sie Lucas' Vater und die drei verbrachten ein paar Tage zusammen, richteten das Zimmer gemeinsam ein und begutachteten den Zimmergenossen. Ihr Sohn war nervös, als sie sich das letzte Mal umarmten. Und trotzdem schaffte es Jen, ihn ohne Rumgeheule zu verlassen. Vorerst.

Denn kaum hatte sie den Unicampus verlassen, musste sie anhalten, denn die Tränen flossen in Sturzbächen.

„Ich konnte meine Gefühle nicht mehr kontrollieren", gesteht sie unter Schluchzern. „Es war so extrem schmerzhaft und niederschmetternd. Was bin ich jetzt? Zurückgeworfen auf mich selbst? Ich habe vergessen, wer ich vor meinen Kindern war. Wo soll ich diese Person denn jetzt wiederfinden?"

Das alles bricht praktisch in einem einzigen Atemzug aus ihr heraus. Und auch wir anderen haben längst Tränen in den Augen.

„Wie lange hast du in diesem aufgewühlten Zustand zurück nach Miami gebraucht?", will ich wissen. Noch im Nachhinein mache ich mir Sorgen um meine Freundin.

„Wahrscheinlich wäre es eine Woche oder länger geworden", lächelt sie. „Aber meine Freundin Tamara war meine Lebensretterin. Sie bestand drauf, dass ich sie in Asheville abhole und dann mit ihr zusammen nach Miami fahre. Allein hätte ich das nie geschafft."

Da ist sie wieder, die Sisterhood von Frauen, die einander nicht nur zur Seite stehen, wenn es darum geht, Spaß zu haben – wenn wir zusammen kochen, meditieren, singen, Stand-up-Paddeln gehen –, sondern auf die auch in den schwierigen Zeiten des Lebens Verlass ist!

PERFEKT!

Alle blicken mich erwartungsvoll an. Also lege ich los.

Elias konnte sich ewig nicht entscheiden, wo er sich einschreiben sollte, denn er hatte einige Optionen, um Film und Produktion zu studieren. London, New York, Los Angeles oder ganz woanders?

Ich konnte ihm nicht helfen, die richtige Wahl zu treffen, und das wollte ich auch gar nicht. Da musste er zum ersten Mal ganz alleine durch. Natürlich sind wir in dieser Zeit mal wieder gelaufen. Von zu Hause zum Restaurant oder zum Einkaufen. Wir haben alle möglichen Varianten durchgespielt. Welche Uni und welche Stadt die meisten Vorteile hat, wo es ihm am besten gefallen würde und welche Universität die interessantesten Dozenten und Kurse anbietet. Am Ende entschied sich mein Sohn für London. Er war schon dort, als es darum ging, das Studentenheim zu beziehen. Also habe ich noch ein paar Klamotten in Miami für ihn eingepackt und bin zu ihm geflogen, denn für seinen Einzug in die Studentenbude hatte er sich mütterliche Unterstützung gewünscht. Ich erinnere mich genau an den Tag, an dem mein Sohn in das Studentenheim eingezogen ist ...

Wir stehen vor einer ehemaligen Militärbasis, in dem das Dorm, der Schlafsaal der Studenten, untergebracht ist. Elias hat sich die Uni angesehen, in den Unterkünften ist er nicht gewesen. Auf mich wirkt das Gebäude von außen düster und abschreckend. Aber ich lebe ja auch in Miami, wo alles hell und luftig ist. Also sage ich erst mal nichts. Es regnet, ist saukalt, ungemütlich.

Aber hey, so ist das Wetter eben in England.

Als ich das Zimmer betrete, sehe ich auf den ersten Blick: Dieses Bett ist viel zu kurz. Da hätte nicht mal ich Platz gehabt! Und mein Sohn ist eins zweiundneunzig groß. Aber egal. Wir sind jetzt positiv, alles wird gut. Das Kind hat eine Entscheidung getroffen! Super. Bezugstermin für das Zimmer ist heute Abend, wird uns mitgeteilt.

„Heute Abend?"

„Ja, sonst zieht ein Kommilitone ein, wenn Sie das Zimmer nicht brauchen", hören wir. Es gebe durchaus eine Warteliste.

„Nein, perfekt", bedanke ich mich beim Mitarbeiter des Wohnheims. Ich erschauere ganz kurz angesichts der düsteren alten Gemäuer und der muffig-feuchten Atmosphäre in dem eiskalten, klammen fünf Meter hohen Raum. Ich habe wirklich schon viele Hotelzimmer auf der Welt gesehen – von der Jugendherberge bis zum Fünf-Sterne-Luxustempel –, doch dieses Zimmer gehört zur schlimmsten Kategorie. Ich würde es da keine Nacht aushalten. Nicht, weil es schmutzig ist, sondern wegen der deprimierenden Atmosphäre im ganzen Haus. Die komplette Geschichte des Commonwealth scheint in diesen Mauern gefangen zu sein. Insgeheim denke ich: *Das ist eine absolute Albtraumbude, aber Jungs sind anders.* Wie immer in schwierigen Situationen verbreitete ich übertriebenen Optimismus. Wir richten jetzt diese Studentenbude ein – und zwar so gut und gemütlich, wie es geht. Elias und ich fahren in das nächste Möbelhaus, kaufen Bettwäsche, Laken, Handtücher, ein Bügeleisen für die Hemden und alles andere von Klopapier bis Putzmittel. Als wir in das Zimmer zurückkehren, wirkt es eher noch finsterer. Aber das spreche ich nicht aus. Außerdem war Elias schon an den unmöglichsten Orten beim Campen, so schnell schockt ihn nichts, denke ich. Hier hat er immerhin fließendes warmes Wasser. Wird schon laufen. Das sage ich dann wieder laut und strahle Elias an, der mir gerade doch etwas nachdenklich erscheint, als wir abends um sieben das Zimmer verlassen.

Es nieselt immer noch und wird immer kälter. *Nein, ich heule nicht. Nicht jetzt! Der packt das schon!*

Hungrig und emotional ausgelaugt schleichen wir durch die Straßen von London auf der Suche nach einem Restaurant, in das mein Sohn in seinen Miami-Shorts, die er noch immer am liebsten trägt, reingelassen wird. Wir reden nicht viel, während wir laufen, hängen unseren Gedanken nach.

Ist das hier der richtige Ort für einen Start ins Leben? Wäre Elias nicht doch besser in den USA aufgehoben? Ich komme mir vor, als würde eine riesige Wolke von Traurigkeit über unseren Köpfen schweben. Und die seitlichen Blicke meines Sohnes machen dieses Gefühl nicht besser.

Auf einmal hören wir quietschende Reifen und ein Rad kommt millimetergenau vor uns zum Stehen. Erschrocken springen wir zur Seite – und blicken in das grinsende Gesicht von Onkel Steven, einem meiner besten Freunde.

„Was lauft ihr zwei denn wie die Trauerklöße durch London?", lacht er und strahlt uns an.

Ich kann gar nichts sagen, sondern falle ihm nur wie ein heulendes Elend um den Hals. Ein paar Schniefer und Schluchzer später ist Onkel Steven im Bilde und schleppt uns in das schickste Restaurant.

„Da darf ich doch gar nicht rein in meinen Shorts", protestiert Elias halbherzig. Aber Onkel Steven wischt die Bedenken weg.

„Quatsch! Du bist jetzt in meiner Stadt und ihr beide braucht den besten Abschluss für diesen blöden Tag, den man sich nur vorstellen kann. Los jetzt! Ich regle das."

Ich kann es noch immer nicht glauben. Fast neun Millionen Menschen leben in London und mein Freund Steven trifft uns zufällig auf der Straße? Was für ein Zufall!

Christiane sagt später, als ich ihr die Geschichte erzähle: „Solche Zufälle gibt es nicht. Ich hoffe, du hast das als gutes Omen für deinen Sohn genommen!"

Ja, das habe ich. Wir hatten den lustigsten Abend überhaupt.

Alles wird gut. Da bin ich mir jetzt ganz sicher.

„Ich kümmere mich um Elias. Mach dir keine Sorgen", sagt Steven, als wir uns verabschieden.

London ist kalt und scheußlich im September? Ja, na klar. Das ist nicht Miami. Aber mein Kind ist nicht alleine dort. In diesem Bewusstsein fliege ich ein paar Tage später heim nach Miami – und so fließen nur ein paar ganz wenige Tränen, als ich meiner Sisterhood und Chris von meinem Abschied erzähle.

Denn ich weiß: Ich bin stark. Ich schaffe das.

Und so ein paar Tränen, wenn der Trennungsschmerz dann doch einmal wieder besonders groß ist, die sind kein Zeichen von Schwäche, sondern meiner großen Liebe zu meinen Jungs.

Und die wird niemals aufhören.

Christiane | Frankfurt

Mama kommt

oso. Du hast also ganz dringend in Frankfurt zu tun." Ich sehe förmlich, wie mein Sohn vor sich hin grinst. „Du willst mich nicht zufällig kontrollieren und nachsehen, ob mein Apartment sauber ist?"

Wie er darauf nur kommt? Kinder können so misstrauisch sein, wenn es um die eigene Mutter geht. Nein, ich muss wirklich nach Frankfurt. Beruflich. Zur Buchmesse, außerdem werde ich noch eine Moderatorin für ein Interview treffen. Meine Freundin Christine, die Ehefrau von Schauspieler Uwe Kockisch, ist ebenfalls zufällig die nächsten Tage in ihrer Heimatstadt und ich möchte mit ihr über eine Fotoproduktion sprechen. Außerdem übernachte ich im Hotel und nicht auf dem aufblasbaren Gästebett, das wir gekauft haben. Schließlich will ich meinem Sohn nicht durch zu viel mütterliche Nähe auf den Geist gehen. Das wäre echt das Schlimmste …

Aber natürlich freue ich mich darauf, meinen Sohn wiederzusehen. Seit seinem Auszug im August sind inzwischen zwei Monate vergangen und Ende September war ich tatsächlich mit Anja in einem Yogaretreat auf Ibiza. Wir haben auf einer kleinen Finca gewohnt und zweimal am Tag Yoga geübt. Ich muss aber zugeben, dass ich die Abendmeditationen am Meer am meisten genossen habe – und die Gespräche mit den anderen Frauen über spirituelle Themen wie Oneness, unser wahres Selbst und Energiefelder. Vielen geht es wie mir die letzten Jahre. Wir Frauen denken oft, wir müssten perfekt funktionieren, alles regeln, immer verfügbar sein. Als Mutter, Ehefrau, Geliebte, Freundin und natürlich erst recht im Job. Bloß keine Schwäche zeigen und sich angreifbar machen! Oder auch mal nur an sich selbst denken. Geht gar nicht! Na, das Thema Schwäche habe ich in den vergangenen Monaten in allen Schattierungen durchlebt.

Aber ich habe auch aus diesem Gefühlschaos zu einer neuen inneren Stärke gefunden, die alles möglich zu machen scheint. Ich erlaube mir inzwischen ganz bewusst, in mich hineinzuhorchen, ob es mir gut geht und was ich will. Klingt jetzt vielleicht ein bisschen esoterisch, aber das gehört neben den Klangschalen zu einem Yogaretreat dazu und mich sprach das an. Unsere Weiblichkeit lebten Anja und ich übrigens noch bei ausgedehnten Shoppingausflügen durch die Hippieläden von Ibizas Altstadt aus. Ist ja eh klar.

Da hatte ich auch wieder Oberwasser im Gegensatz zu manchen Yogahaltungen, denn ich werde wohl nie so sportlich trainiert wie Anja oder auch Barbara, aber das ist vollkommen okay. Wieder daheim telefonierte ich vor meinem Frankfurtbesuch mit Nicholas relativ ausführlich, weil er jede Menge Neues zu verarbeiten hat, aber manchmal bekam ich auch nur eine kurze WhatsApp mit dem Tenor: „Passt alles."

Das weiß ich längst, denn ich vertraue meinem Sohn und seinen Fähigkeiten, sich in der Welt zurechtzufinden. Ich selbst habe inzwischen auch einen neuen Rhythmus gefunden zwischen Arbeit, meinen langen Waldspaziergängen, den wöchentlichen Übungsstunden auf dem Pilates-Reformer und meinem neuen Morgenritual, zudem mich mein Yogaretreat noch einmal inspiriert hatte. Das hat mir als Dauerprogramm tatsächlich am meisten geholfen.

Wo ich früher morgens schon total hektisch und gestresst war, lasse ich jetzt jeden Morgen pure Liebe, Freude und Dankbarkeit durch Körper und Geist fluten.

Wie das funktioniert? Per Video-Lifecall immer um 8.30 Uhr. Bei der Spendengala meiner Freundin Kiki hatte ich ja Patricia Saint Clair kennengelernt, die als spiritueller Coach arbeitet. Ich habe ein paar Wochen überlegt, aber mir dann doch bei Facebook einmal angeschaut, was sie so macht, und ihre „High Energy Secrets" dann einfach mal ausprobiert. Mein tägliches Mantra lautet jetzt: „Heute ist der schönste Tag meines Lebens!"

War gar nicht so einfach am Anfang, aber ich versuche diesen Satz sozusagen als Anspruch an mich selbst zu sehen. Und so beginne ich jetzt jeden Tag beschwingt und voller Energie und versuche, diese Schwingung möglichst lange zu behalten.

Was nicht heißt, dass ich nicht trotzdem unglaubliche Lust habe, meinen Sohn zu sehen.

EIN DATE MIT DEM EIGENEN SOHN

„Ja. Schon gut, Mama. Dann komm halt. Ich schau mal, wann ich Zeit habe", sagt Nicholas also, als ich meinen Besuch ankündige.

Das geht ja gut los. Barbara erzählt doch immer, dass sich ihre Jungs total freuen, wenn sie sich zum Besuch anmeldet. Hm. Läuft da was schief bei mir?

Quatsch, versuche ich mich zu beruhigen. Nicholas konzentriert sich eben auf sein Studium und das sollte ich ihm bitte echt nicht vorhalten, wo ich früher immer über mangelndes Schulengagement gemeckert habe. Also beschließe ich, erst einmal meine sämtlichen Termine abzuhaken, ehe ich vielleicht dann am Abend meinen Sohn sehe.

Die Frankfurter Buchmesse ist überfüllt, aber ich finde meine Gesprächspartner. Ich vereinbare eine neue Fotoproduktion und auch mein Interview läuft gut.

So.

„Ich wäre jetzt so weit", teile ich meinem Sohn mit.

„Bin noch Bib", kommt als Message zurück. Ganze Sätze wären schön, auch bei Kurznachrichten, aber die Jugend ist im Abkürzungswahn. Immerhin meldet sich Nicholas eine halbe Stunde später und wir verabreden uns auf einen Drink.

„Auf einen Drink?" Ja, denn es ist Freitagabend und der Herr Studiosus ist selbstverständlich verplant – hätte mir ja klar sein können. Aber zum „Vorglühen" kommt der mütterliche Besuch ganz recht. Na schön. Egal. Dann eben ein Drink. Fühlt sich an wie ein Date mit dem eigenen Sohn. Also schminke ich mich sorgfältig, ziehe etwas Nettes an und freue mich, was mein Sohn mir alles über seine ersten Monate in der neuen Stadt erzählen wird.

Das fällt allerdings überschaubarer aus, als ich dachte.

„Passt alles." Oder: „Ja, die Dozenten sind voll okay." Und nein, er möchte nicht lieber in einer WG wohnen. Mein Sohn ist jetzt ein Mann, große Gefühlsäußerungen sind selten geworden. Zwei Drinks später ist die mütterliche Audienz vorbei, denn der Herr wird abgeholt. Draußen steht eine ganze Gruppe Studenten, von denen er mir kurz Marc, Teddy und Kilian vorstellt oder so. Nette Jungs auf den ersten Blick, die laut lachend mit ihm weiterziehen. Immerhin bekomme ich noch ein Abschiedsbussi und ein leises „Bis morgen, Mama" ins Ohr geflüstert. Voll okay, würde ich mal sagen, da ich vom Messetag total müde bin und nur noch in mein Hotelbett möchte. Dort beginnen vor dem Einschlafen meine Gedanken zu kreisen …

Da bin ich jetzt in der gleichen Stadt wie mein Sohn und schlafe in einem Hotel statt mit ihm unter einem Dach. Fühlt sich das komisch an? Hätte es wohl noch vor einem Jahr. Kurz nach dem Abi wäre das sogar absolut undenkbar für mich gewesen. Also spüre ich mal kurz in mir nach – und finde eine riesige Welle von Liebe und Dankbarkeit.

Es ist ja nicht selbstverständlich, dass die Kinder einem keine Sorgen mehr machen, wenn sie mal ausgezogen sind. Einige Freunde von Nicholas haben ihr Studium gleich wieder abgebrochen und sind zurück zu Mama, lungern jetzt wieder zu Hause vor dem Computer herum und lassen sich bekochen wie in der Schulzeit. Das fände ich jetzt nicht *so* mega. Nicht, weil ich keine Lust mehr habe zu kochen, sondern weil diese Kinder ihren Weg noch nicht gefunden haben. Ich habe zwar auch keine Ahnung, wo Nicholas am Ende landen wird, aber seine jetzige Wahl scheint für ihn absolut richtig zu sein und nur darum geht es. Und auch ich habe inzwischen mein inneres Gleichgewicht gefunden und fühle mich nicht mehr zerrissen wie noch vor einem Jahr. Mit diesem positiven Gefühl schlafe ich ein.

Am nächsten Tag haben wir uns zum Frühstück verabredet, was im Zeitmanagement eines Studenten frühestens halb zwölf bedeutet. Ich sitze mit meiner Freundin Mia Florentine Weiß, die ihr Künstleratelier in Frankfurt hat, obwohl sie eigentlich mit ihrer Familie in Berlin lebt, in einem schicken Café am Mainufer, von dem aus man auf die beeindruckenden Finanztower der Stadt blicken kann. Hm. So was haben wir nicht in München. Mias Sohn ist noch ein kleines Schulkind und sie kann sich überhaupt nicht vorstellen, dass er irgendwann einmal in einer anderen Stadt lebt als sie. „Ich würde ja durchdrehen. Mein ganzes Leben dreht sich nur um meinen Sohn und auch bei meinen Kunstprojekten versuche ich, ihn immer mitzunehmen."

Haha. Solche Gedanken kenne ich, aber ich gebe jetzt die coole Mutter, die das Abnabeln ganz locker gewuppt hat und stolz auf ihren großen Sohn ist. Zum Glück kennt mich Mia besser und so gestehe ich, dass ich erst damit zu kämpfen hatte, aber jetzt langsam meine neue Freiheit genieße.

Nicholas schlurft so kurz vor zwölf völlig übernächtigt an, die Haare stehen in allen Richtungen nach oben. Mia und ich grinsen uns in Erinnerung an unsere eigenen Studentenzeiten an.

„Bist du gerade aus dem Bett gefallen?"

Ich kann es mir nicht verkneifen, weil ich mich an ähnliche Katerfrühstücke in meiner Jugend erinnere.

Mehr als ein „Hm" bekomme ich nicht zur Antwort.

Nicholas bestellt sich ein sehr großes Omelett, sehr viel Kaffee und noch mehr Wasser. Dann ist er ansprechbar, freut sich über Insidertipps meiner Freundin und eine Stunde später fahren wir zu zweit in die Innenstadt, um durch die Fußgängerzone zu bummeln und ein bisschen shoppen zu gehen – unter anderem eine Espressomaschine für ihn, weil der Kaffee aus der Mensa so gar nicht geht und noch dazu schrecklich teuer ist.

SO GAR NICHT MEHR KLEIN

Bis mein Zug fährt, habe ich noch Zeit, weswegen wir alle Einkäufe zu ihm ins Apartment bringen. Unten vor dem Eingang schaut er mich plötzlich eindringlich an: „Also, Mama. Fang jetzt aber ja nicht an zu putzen, wenn wir oben sind!"

Nö. Natürlich nicht. Wo kämen wir denn da hin? Ist ja nicht meine Bude. Trotzdem muss ich kurz schlucken, als ich das Bataillon Flaschen in der Ecke sehe, die Staubflocken unter dem Bett und die ungebügelten Hemden auf der Wäscheleine und überall rumliegen sehe.

Gleichzeitig muss ich an meine Freundin Simone denken, die wie ein Tier darunter leidet, dass sie nur einmal in der Studentenbude ihres Sohnes war – bei seinem Einzug. Und das, obwohl er sogar in München wohnt.

„Ich fahre ihn immer mal wieder dorthin und frage, ob ich kurz hochkommen darf, aber das will er nicht", hat sie mir neulich erzählt. Da kommen dann so faule Ausreden wie: „Sorry, ist gerade nicht aufgeräumt" oder „Heute passt es echt nicht, Mama". Dabei würde sie zu gerne mal sehen, wie er sich inzwischen eingerichtet hat. Ob ein Sofa unter dem Hochbett steht oder ein neues Regal in der Ecke. Aber keine Chance. Die Studentenbude ist Terra incognita, unbekanntes, verbotenes, geheimes Land.

So geht es vielen Müttern. Vielleicht auch, weil unsere Kinder in ihrem Lebensstil nicht mehr beurteilt werden wollen. Und auch nicht in ihren Entscheidungen. So hart das für uns ist.

Neulich am Telefon sagte doch Nicholas tatsächlich zu mir: „Das diskutiere ich nicht mit dir, Mama."

Äh. Was? Aber wieso? Wir haben doch immer? Und ich meine ja nur.

„Wir haben das ausführlich im Team besprochen und wir werden das so machen."

Ach so. Na dann. Rückzug! Ganz schnell!

Puh. Ja, wir meinen ... Aber vielleicht meinen unsere Kinder inzwischen etwas ganz anderes und haben sich das ganz in Ruhe bereits überlegt. Ich weiß. Ein saublödes Gefühl, plötzlich so ausgeschlossen zu sein. Aber jetzt bloß nicht beleidigt sein! Und das vielleicht auch noch zeigen. Oder rumgiften. Ich kenne Mütter, die benehmen sich im Zuhause ihrer erwachsenen Kinder, als wären sie Cruella de Vil aus *101 Dalmatiner* – eine spitze Bemerkung nach der anderen. Und man wartet nur darauf, dass sie den süßen Hundewelpen das Fell über die Ohren zieht. Hilfe!

Geht gar nicht!

Ein absolutes No-Go ist auch der berühmte letzte Satz, wenn man schon in der Tür steht, weil unten das Taxi wartet: „Also dein neues

Sofa finde ich richtig schlimm. Total hässlich!" Und dann Abgang. In solchen Fällen bleibt nicht Mutterliebe zurück, sondern eine große düstere Wolke voller Traurigkeit wie nach dem Verschwinden der bösen Fee im Märchen.

Wollen wir Mütter das?

Nein!

Also, Mädels. Kommentiert ruhig, wenn es sein muss, aber liebevoll und immer dann, wenn das Kind euch auch noch erklären kann, warum es denn unbedingt dieses Sofa sein musste. Vielleicht hängt ja die Freundin dran oder vielleicht hat es nur zwanzig Euro auf dem Flohmarkt gekostet. Es gibt immer Gründe und wir sollten lernen, die Beweggründe unserer Kinder zu respektieren. Sonst verlieren wir sie auf dem Weg, den sie jetzt ohne uns gehen.

Diese frommen Wünsche der Erkenntnis rufe ich mir wieder ins Gedächtnis, als ich meinen Blick über das kleine Chaos in Nicholas' Apartment schweifen lasse. Es ist ja nicht meine Bude. Also halte ich mich streng an meine eigenen Regeln, schaue nur und sage nichts. Das reicht offenbar auch so, denn Nicholas räumt die Flaschen zusammen und bringt sie „nur ganz schnell" zum Glascontainer an der Ecke. In der Zwischenzeit checke ich das Bad, das erstaunlich sauber ist, und wische kurz mal durch – was er Minuten später auch nicht kommentiert, stattdessen bietet er mir nur gut gelaunt einen Espresso aus der neuen Maschine an.

Und so sitzen wir schließlich bei einem Espresso beisammen und unterhalten uns mit einer Ruhe und Intensität, wie ich es auch wegen der räumlichen Distanz länger nicht mehr mit meinem Sohn erlebt habe. Nicholas strahlt eine Reife aus, die ich im vergangenen Jahr habe wachsen sehen, die mich aber immer noch überrascht. Bei wichtigen Entscheidungen ist ihm meine Meinung noch sehr wichtig, bei einigen Dingen aber eben nicht mehr. Und auch daran habe ich mich gewöhnt. Er ist so gar nicht mehr klein – und das zu sehen, macht mich einfach nur glücklich. Jetzt erlaube ich mir auch zu gestehen, dass es mir anfangs sehr zu schaffen machte, wie schnell er sein Zuhause verlassen hat. Ich erzähle ihm von Simone, die zum Katzenstreicheln ins Tierheim ging, weil sie nach dem Auszug ihres Sohnes so traurig war.

„Na, mit deiner Katzenhaarallergie konntest du das ja nicht machen", kommentiert das Nicholas launig und wir müssen beide lachen. Jetzt will er aber doch wissen, was ich versucht habe, und so berichte ich ihm, dass ich neben Waldläufen und Pilates verschiedene Meditationen ausprobiert habe und mir das geholfen hat.

„Siehst du, Mama. Deswegen wollte ich das damals im Kloster lernen. Das hilft einem in schwierigen Situationen."

Mein Sohn ist ein empathischer, reflektierter junger Mann geworden, der auch mit Gefühlen gut umgehen kann. Das beruhigt mich, denn in meiner humanistisch geprägten Welt hatten Wirtschaftsleute oft nicht den besten Ruf und ich hatte unterschwellig Angst, dass es in seinem Studium nur um Ellbogenmentalität und schnelles Geldmachen geht. Aber da hat sich was verändert, erklärt er mir mit Engelgeduld (haha). Heute ginge es im Business immer mehr um Ethik und Nachhaltigkeit, um die Verantwortung für die kommenden Generationen, erfahre ich von ihm. Selbst die großen Wirtschaftsbosse müssen sich nach diesen Kriterien hinterfragen lassen. Das ist der Weg, den er gehen will. Und dann erzählt er mir noch irgendwas über Kryptowährungen und dass man mit 3-D-Druckern inzwischen sogar Häuser bauen könne. Ach Quatsch. Oder nicht? Keine Ahnung …

In einer Stunde geht mein Zug nach Hause. Mein Sohn hat sich gut gelaunt zu einer ausgiebigen Körperpflege ins Bad zurückgezogen und ich hänge meinen Gedanken nach, versuche irgendwie, intellektuell wieder Oberwasser zu bekommen, als eine Message auf seinem Handy aufploppt. Ich schwöre, ich schaue nie auf ein anderes Handy als auf mein eigenes, aber in diesem Augenblick liegt seines einfach gerade in meinem Blickfeld. Ich kann gar nicht anders.

Ist das Tinder?

„Melly wartet auf deine Antwort", steht da.

Warum nur, warum? Warum habe ich da draufgeschaut? Jetzt habe ich Bilder im Kopf, die ich nicht von meinem Sohn haben will. Immer folgt die Strafe gleich auf dem Fuß. Das weiß man doch. Wann werde ich endlich schlauer?

Mein Sohn kommt in einer Duftwolke aus dem Bad.

„Gehst du heute noch aus?", frage ich möglichst unverfänglich.

„Na klar, Mama. Heute ist Samstag."

Na, das hat sich immerhin nicht geändert im Vergleich zu meiner eigenen Studienzeit. Nicholas nimmt sein Handy und tippt drauf rum. Hat er bei Melly jetzt nach rechts oder nach links gewischt? So funktioniert das doch, oder? Nein, natürlich frage ich nicht. Ich habe ja gar nix gesehen. Und mein Zug fährt sowieso gleich. Ich geh jetzt mal. Mein großes Kind nimmt mich zum Abschied in die Arme und sagt: „Schön, dass du da warst. Grüß den Papa von mir. Wir sehen uns ja bald."

Ja. Bald. Hoffentlich.

Besuche

Barbara | Berlin

ch versuche, spätestens alle sechs Wochen ein paar Tage in Berlin und London zu verbringen. Inzwischen bin ich auch nicht mehr ganz so aufgeregt wie am Anfang. Es hat sich auf beiden Seiten eingespielt. Ich besuche zwar meine Söhne, aber ich behandle sie nicht mehr wie kleine Kinder. Wir begegnen uns auf einer gleichberechtigten erwachsenen Ebene und ich versuche, ihnen mit meinen Besuchen nicht auf die Nerven zu gehen. Ich schneie weder unangekündigt vorbei, noch übernachte ich wochenlang bei ihnen auf dem Sofa oder beschwere mich sogar, dass ich einsam bin jetzt so allein in Miami – was ja auch wirklich nur phasenweise stimmt. Natürlich werde ich manchmal wehmütig – aber was für eine Mutter wäre ich, wenn ich das nach so vielen gemeinsamen Jahren nicht so empfinden würde? 26 Jahre habe ich mich an meine Jungs gewöhnt – da braucht es eben ein bisschen Zeit, um mich umzugewöhnen …

MIT IHM, NICHT FÜR IHN

Ich fasse meine Kinder zwar nicht mit Samthandschuhen an, habe aber ein gewisses Feingefühl im Umgang mit ihnen entwickelt. Auch Mütter sind eben lernfähig und inzwischen ist mir sehr bewusst: Das ist nicht mein Kühlschrank, der da bei meinen Söhnen in der Küche steht. Also frage ich, ob was gebraucht wird, und auch, ob ich etwas rausnehmen darf.

Wenn ich meine Söhne sehe, wundere ich mich jedes Mal, wie unterschiedlich sie doch sind … Elias hat ein gutes Gespür für Trends und einen gewissen Geschäftssinn. Als er mit zehn Jahren das erste Mal von Airbnb hörte, konnte man direkt sehen, wie es in seinem Gehirn ratterte. Meine Freundin Heather ist im Kunstbereich aktiv und schläft während der Art Basel Miami immer bei uns, früher im Zimmer von Elias. Damals rief er sie an, ohne dass ich etwas davon wusste: „Also, du schläfst ja in meinem Zimmer und es gibt jetzt diese App, wo Privatpersonen ihre Zimmer anbieten. Das könnte ich natürlich auch machen – außer wir beide werden uns einig. Ich denke an fünfzig Dollar die Nacht." Heather lacht sich noch heute schlapp, wenn sie an das Telefonat denkt, ich bin damals fast ausgeflippt und habe mir meinen Sohn zur Brust genommen: „Spinnst du? Heather ist Familie und wir vermieten hier gar nicht! Wenn du Geld verdienen möchtest, werde doch Hundesitter!"

Noah lebt seinen kreativen Lifestyle in allen Facetten aus. Seine Wohnung ist ein riesiges, offenes Atelier. Überall hängt seine Kunst und es stehen immer mehrere Bilder rum, an denen er noch arbeitet. Bei ihm wird zudem ständig Musik gemacht. Er ist in der Helle des Sunshine States aufgewachsen, aber Berlin ist der richtige Lebensraum für ihn als Künstler, denke ich oft. Erst hier konnte sich seine kreative Kraft voll entwickeln.

Ich kenne das selbst von mir – manchmal kitzeln die seltsamsten Anreize die Kreativität in einem hervor.

Ich habe jahrelang die Waldorfschule besucht und durfte mich dort handwerklich und kreativ ausprobieren, sodass ich in dieser Hinsicht keinerlei Berührungsängste habe. Ich feile, hämmere, säge, pinsle, bohre. Ich probiere alles aus, mal mit mehr, mal mit weniger Erfolg. Es muss nicht perfekt sein.

Und genauso bestärke ich meine Kinder in ihrer Individualität und staune, was alles zum Vorschein kommt.

Natürlich denke ich auch: *Also, ich hätte das ja so und so gemacht und nicht wie er.* Natürlich gebe ich noch immer Ratschläge.

Aber manchmal liege ich vollkommen daneben mit meinen Ansichten oder Ideen. Dann wird kurz diskutiert, auch mal rumgemeckert und danach gehen beide Seiten zur Tagesordnung über. Inzwischen haben wir alle gelernt, schneller „Entschuldigung" zu sagen, wenn sich einer auf den Schlips getreten fühlt.

Was die praktischen Dinge des Alltags angeht, nimmt Elias immerhin noch gerne meine Hilfe in Anspruch. Wenn ich mit ihm den Koffer packe, zeige ich ihm gerne mehrmals, wie man ein Hemd richtig zusammenlegt. Auch dass man die Schuhe nicht ganz oben drauflegt, weiß ich aus eigener Erfahrung. Denn wenn einer in dieser Familie schon seit Jahren aus dem Koffer lebt, dann ja wohl ich. Ich bin die Königin des Kofferpackens und habe das über die Jahre perfektioniert. Aber inzwischen packe ich *mit* ihm und nicht *für* ihn.

Gleichzeitig habe ich in puncto Kofferpacken so einiges von ihm übernehmen können. Während ich jahrelang mit einem halben Hausstand durch die Welt gereist bin, um jedes Hotelzimmer so einzurichten, dass ich mich darin auch wie zu Hause fühlen konnte, kann Elias mit den Kleidern, die er am Leib trägt, und einer Zahnbürste in der Tasche aufbrechen.

Eine Reduktion aufs Wesentliche, die ich mir mit der Zeit von ihm abgeschaut habe. Obwohl ich zugeben muss, dass in meinem Koffer immer auch mein Springseil, meine Yogamatte und mein Pilatesring Platz brauchen.

Jedenfalls ist das Kofferpacken für uns inzwischen ein lieb gewordenes Abschiedszeremoniell, bei dem wir noch einmal wichtige Themen besprechen. Termine, die er in der kommenden Woche hat. Oder Pläne, die langfristig in seinem Kopf rumspuken. Und so ganz nebenbei sage ich dazu meine Meinung. Obwohl es mich freut, auf diesem Weg mit den neuesten Infos über seine Wünsche und Pläne versorgt zu werden, brauche ich nicht mehr die totale Überinformation.

Das ist auch für mich eine schöne, richtiggehend befreiende Entwicklung. Ich habe genug Vertrauen in die Herzensbildung und den gesunden Menschenverstand meiner Kinder, sodass ich davon überzeugt bin, dass sie keinen Blödsinn anrichten. Dieses Vertrauen nimmt mir viel von der Angst, die ich früher um sie hatte.

Ich weiß längst: Alles, was wichtig ist, erfahre ich zum richtigen Zeitpunkt. Sei es das nächste Uniprojekt von Elias oder die anstehende Vernissage von Noah.

Über seine Malerei habe ich meinen großen Sohn in gewisser Weise neu kennengelernt und besser verstanden, was ihn bewegt, wie er auf die Welt blickt und was für ihn wichtig ist. Das ist eine spannende Reise für uns beide.

165

VOLLE PUNKTZAHL

In Berlin leben zudem einige Herzensfreunde von mir, die immer da sind, wenn mal Not am Mann ist. Noah hat ein weites Netz, das ihn im Notfall auffangen würde. Das hat mich von Anfang an unglaublich beruhigt, als er von Florida nach Deutschland gezogen ist. Meine Freunde sind inzwischen auch ihre Freunde, denn meine Jungs haben tatsächlich festgestellt, dass nicht nur ich okay bin, sondern dass ich auch ziemlich coole Freunde habe. Die meisten kennen meine Kinder, seit sie klein waren. Chris war zum Beispiel einmal dabei, als Elias mit dreizehn im Supermarkt mal wieder eine Grundsatzdiskussion führen wollte. Er schnappte ihn sich und lief mit ihm über eine Stunde nach Hause.

Beide lachen inzwischen über die Situation von damals: „Elias hat mich mitten in seinem Wutanfall angeschnauzt: ‚Ich laufe nicht. Sicher nicht.' Und ich so: ‚Doch. Wir zwei laufen jetzt, denn du stresst deine Mutter schon den ganzen Tag und das hat sie nicht verdient. Auch du hast deinen Teil dazu beizutragen, dass in eurer Familie mehr Harmonie herrscht. Du bist alt genug. Ändere dein Verhalten und sie wird ihres ändern.'

Das hat ihn in diesem Moment runtergebracht. Darüber sind wir beide uns heute einig." Es war ein Männergespräch genau im richtigen Moment. Elias fühlte sich von ihm als eigenständige Persönlichkeit erkannt, nicht mehr nur als mein Sohn. Seither verbindet die beiden eine eigene Freundschaft und sie kommunizieren völlig losgelöst von mir.

Ja, meine Kinder haben erkannt, dass ein hilfsbereiter Mensch mit gutem Charakter das eigene Leben unglaublich bereichert. Neulich hat Elias in der Berliner Wohnung von Chris ein Video gedreht und Noah hat dort bereits seine Bilder ausgestellt. Ich habe also meine Freunde an meine Kinder vererbt, wenn man so will.

Jen wurde neulich ziemlich emotional, als wir darüber sprachen: „Wir empfinden so eine tiefe, vertrauensvolle Freundschaft zueinander, und das seit so vielen Jahren. Unsere Kinder wissen das, sie sind damit aufgewachsen. Das ist ein Wert, den wir ihnen durch unser Vorbild vermitteln konnten. Ein wahrer Freund zu sein bedeutet Zuneigung, Aufmerksamkeit, Fürsorge, Dankbarkeit und vor allem: da zu sein, wenn der andere dich braucht."

Und so ist auch unsere Beziehung untereinander. Meine Kinder leben zwar auf einem anderen Kontinent, aber wir hören fast täglich voneinander. Und doch gibt es immer wieder Situationen, die mich überraschen. Einmal erfahre ich zum Beispiel von einem meiner Berliner Freunde, dass Noah gerade in Costa Rica ist.

Wie bitte? Mein Sohn ist praktisch um die Ecke und ich habe keine Ahnung?
Atmen hilft.

Also atme ich ein paar Runden ganz bewusst ein und aus, meditiere noch etwas und rufe ihn am nächsten Tag betont gut gelaunt an: „Hey, Schatz. Wie toll! Du warst ja gerade in Costa Rica. War es lustig?" Nein, ich bin nicht beleidigt oder sauer, weil er mich nicht informiert hat. Früher hätte ich den Satz hinzugefügt: „Hättest du mir ja sagen können. Ist ja nicht so weit weg von Miami." Aber das war früher. Und die Antworten von früher waren auch deutlich: „Was bist du nur für eine Glucke! Die anderen Eltern machen das anders, die lassen einen wirklich los. Jetzt entspann dich endlich mal."

Solche Sprüche, die natürlich vollkommen berechtigt waren, möchte ich mir nicht mehr anhören. Deswegen musste ich mich verändern und über mich selbst hinauswachsen. Es bringt ja nichts, den Kindern ein schlechtes Gewissen zu machen. Sie sind eigenständige Menschen mit eigenen Plänen, Hoffnungen und Wünschen.

Diesem Kontrollbedürfnis aus Kinderzeiten immer weniger nachzugeben und es irgendwann ganz auszublenden, ist nicht einfach, aber man kann es schaffen als Mutter, wenn man an sich arbeitet.

Und während ich mit Noah, der gerade in Costa Rica war, telefoniere, bin ich heimlich stolz darauf, dass ich so locker und ohne falschen Unterton sprechen kann. Denn Noah antwortet völlig entspannt: „Ja, Mama, war cool. Ich war da zwei Tage für einen Auftritt, bin aber schon auf dem Rückweg und gerade in Paris gelandet." Wir unterhalten uns noch ein bisschen und verabschieden uns sehr liebevoll. Ich atme zweimal tief durch und freue mich, dass ich die Zwischenprüfung im Kurs „Abnabelung von den Kindern" gerade mit voller Punktzahl bestanden habe.

Früher wollte ich, dass meine Kinder wissen, dass sie mir gerade auf die Füße getreten waren. Doch was bringt das?

Eben! Gar nichts.

Es ist ja *meine* Empfindung, *mein* Gefühl und das können sie nicht verstehen. Müssen sie auch nicht. Man löst damit nur totale Verwirrung aus, denn die Kinder haben nichts falsch gemacht, sie leben ihr Leben, ohne die Eltern über jeden ihrer Schritte akribisch zu informieren. Ich musste mich von meinem alten Verhaltensmuster befreien, um das zu akzeptieren, und ich bin froh, dass es mir gelungen ist.

Ich gehe übrigens sehr gerne auf Noahs Konzerte, war schon auf einigen Open-Air-Events und stecke da wie alle anderen um mich herum in Gummistiefeln und Regencape. Ich hatte noch nie Berührungsängste, wenn es darum geht, richtig Spaß zu haben. Und Spaß bedeutet für mich nicht nur rauschende Feste, sondern kann auch Campen, Wandern und Waldbaden sein.

Manchmal gehen auch die Proben in Noahs Atelier in spontane Konzerte über. Von allen Seiten kommen Musiker, schnappen sich Instrumente und machen Musik. Ich bin mit anderer Musik groß geworden, aber zu diesen experimentellen Klängen kann ich auch super tanzen. Ich liebe es, wenn Menschen mit Begeisterung und Lebenslust ihr Ding durchziehen, und diese kreative Künstlergruppe lebt das total. Das finde ich großartig. Noah und seine Band verschaffen mir Zugang zu Musik, die ich vorher nicht kannte.

Ist es komisch oder gar peinlich, dass ich als Mama so oft dabei bin? Überhaupt nicht! In dieser Gemeinschaft sind alle willkommen und es ist egal, wie alt man ist. In Miami bin ich oft die Jüngste, weil ich Freunde mit siebzig, achtzig oder neunzig habe. Hier ist es eben andersrum. Ich finde es aufregend, neue Leute kennenzulernen, mich in ungewohnte Situationen zu begeben. Auch deswegen bin ich so gerne dabei. Es gab schon Festivals, bei denen Noah erst nach Stunden gefragt

wurde, wer ich denn eigentlich sei, und er so ganz nebenbei antwortete: „Das ist meine Mutter."
Ich bin nicht cooler als andere Mütter, aber ich bin vielleicht so eine Art
Chamäleon, das sich seiner Umgebung perfekt anpassen kann. Mama
und übrigens auch Oma sind bei Noahs Auftritten immer gern gesehe-
ne Gäste.

Christiane | München

Zeiten-
wechsel

Der Kleine turnt schon seit einer halben Stunde auf mir herum und langsam werden meine Arme schwer. Hilfesuchend schaue ich meine Freundin Karin an, die wissend grinst: „Ja, früher hatten wir mehr Kraft. Da konnten wir unsere Kinder hochheben, rumtragen, dazwischen kochen, putzen, telefonieren, wieder hochheben, ohne dass wir müde wurden."

MAMO

Echt? War das so? Und seit wann kann ich nicht mehr stundenlang ein Kleinkind durch die Luft wirbeln? Ich fühle mich doch noch genauso jung wie mit Mitte dreißig. Warum wissen das meine Arme nicht? Trotz dieses anstrengenden Pilatestrainings, bei dem ich mit Gewichten alle möglichen Muskeln trainiere, an die ich früher nicht einmal gedacht habe.

Karin ist nur unwesentlich älter als ich, aber schon schon vor einem Jahr Oma geworden.

Stopp. Darf ich nicht sagen. Sie hasst das Wort.

„Oma klingt wie eine Beleidigung", regt sie sich auf. „Du fährst wie eine Oma oder du ziehst dich an wie eine Oma. Das ist total respektlos. Ich habe allen gesagt, dass ich nicht so genannt werden will, denn ich bin noch nicht bereit für dieses ganze Omagetue."

Ich schaue ihren zuckersüßen Enkel Valentin an, der mit seinem Lächeln jedes Herz erobert. „Er darf also nicht Oma zu dir sagen?"

„Nein. Auf keinen Fall!"

Sie habe lange überlegt, wie sie aus diesem Dilemma rauskomme, und sei nach ein paar Monaten auf die perfekte Lösung gekommen. Der Kleine soll sie so nennen, wie er sie das erste Mal ruft.

„Das hat funktioniert?"

„Ja", strahlt sie. „Er hat Mamo gesagt und das ist es jetzt."

Mamo? Ich lache mich schlapp, aber irgendwie finde ich die Wortschöpfung auch einzigartig. Man sollte vielleicht wissen, dass Karin unglaublich jugendlich aussieht und megasportlich ist, weil sie gerne mal morgens auf einen Berg läuft, um nachmittags eine Radtour zu machen. Das Wort Oma kriege selbst ich in meinem Kopf nicht mit ihr kombiniert. Ich verstehe sie wirklich nur zu gut. Als wir am Anfang den Kinderwagen durch München geschoben haben, wurde sie manches Mal als Mama angesprochen und hat das immer korrigiert, weil es ihr peinlich war.

„Das mache ich jetzt aber nicht mehr", sagt sie. „Sollen die Leute doch denken, dass ich Valentins Mama bin. Ich bin noch nicht bereit für die nächste Stufe."

Ja, wann sind wir bereit? Die Kinder werden uns sicher nicht fragen, wann denn jetzt ein Enkelkind in unseren Lebensplan passen würde. Karin ist so früh Großmama geworden, weil sie selbst eine sehr junge Mutter war.

Das kann mir schon mal nicht passieren, atme ich innerlich ein bisschen auf. Ich war mit Ende dreißig eine sogenannte Spätgebärende. Mein Sohn ist gerade mal einundzwanzig. Der wird sich vermutlich frühestens in zehn Jahren mit dem Nachwuchsgedanken beschäftigen. Also das wäre jetzt mal so mein Zeitplan, aber gewiss ist natürlich nichts.

Karin hat sich vergangenes Jahr im Krankenhaus bei ihrer Tochter bedankt, dass sie ihr ein Enkelkind geschenkt hat. „Caterina ging es nicht so gut nach dem Kaiserschnitt. Sie lag kreidebleich im Bett, hatte Schmerzen und hat mich nur fassungslos angeschaut: ‚Das ist kein Geschenk, das ist ein Kind.'"

Jetzt müssen wir beide lachen, denn natürlich ist es ein riesiges Geschenk. Vor allem, wenn man so eine junge, vitale Großmama ist wie sie. Karin verbringt so viel Zeit wie möglich mit dem Kleinen, der seine Mamo abgöttisch liebt. Sie verwöhnt ihn, erlaubt ihm alles, was er sonst nicht darf – und was sie ihrer eigenen Tochter früher natürlich auch verboten hat. Das ist die Freiheit, die man sich später nehmen darf, wenn man nicht mehr in der totalen Verantwortung für dieses kleine Wesen steht. Karin selbst war als Mutter manchmal etwas chaotisch, ehrlich gesagt. Auf der einen Seite streng, auf der anderen Seite hilflos, wenn die Kleine frühkindliche Anfälle bekam. Da musste die Dusche schon mal bis zum Nachmittag warten, weil die Prinzessin vorging. Jetzt, da ihre Tochter selbst Mutter ist, staunen wir beide, wie strukturiert Caterina mit ihrem Sohn umgeht. Feste Essens- und Schlafenszeiten, bei Gebrüll wird nicht gleich hingelaufen und getröstet. Dazu kontrolliert sie praktisch von Geburt an Valentins Entwicklung per App.

„Per App?" Ich schaue Karin verblüfft an.

„Ja, sie wusste genau, wann die Zähne kommen, und jetzt hat sie mich gewarnt, dass er voraussichtlich in zwei Wochen mit dem Fremdeln anfangen wird. Ich soll mich schon mal darauf einstellen."

Akribisch trägt Caterina alles in die App ein – und natürlich sind auch bestimmte Lebensmittel verboten, sodass wir beide dem Kleinen die unvermeidliche bayerische Breze nur heimlich geben dürfen und uns verschwörerisch angrinsen, während er genüsslich drauf herumkaut. Wahrscheinlich ist das jetzt familienpolitisch nicht vollkommen korrekt, aber die Oma wird das wohl dürfen.

EIN HOCH AUF DIE FREUNDSCHAFT

Huch. Jetzt habe ich selbst Oma gesagt. Wir schauen uns an und schütteln zeitgleich den Kopf. Kann gar nicht sein. Dafür sind wir doch noch viel zu jung, oder?

Obwohl. Wenn wir ehrlich sind, werden wir beide ganz sicher nicht noch einmal Mutter. Das ist der große tierisch gemeine Unterschied, den uns Frauen Mutter Natur in die Wiege gelegt hat. Männer können mit zwanzig Vater werden oder mit siebzig. Alles ist möglich, alles ist erlaubt. Bei uns Frauen ist der Ofen irgendwann aus, wir können keine Nachzügler mehr ausbrüten und all das nicht noch einmal von vorne erleben, was wir jetzt gerade mit unseren Kindern abschließen. Das Kuscheln, das Weinen, das Trösten, das Heranwachsen des eigenen Kindes.

Andererseits gibt es ja dann die Enkelkinder. „Ja, das stimmt", sagt Karin. „Ich hätte nie gedacht, dass ich mein Enkelkind mal genauso lieben könnte wie meine Tochter, aber so ist es. Dieses Gefühl einer unglaublich großen, bedingungslosen Liebe empfinde ich jetzt für ihn. Wenn ich meinen Enkel nicht sehen kann, bin ich richtig traurig und vermisse ihn unendlich."

Zum Glück für sie wohnen alle zusammen ganz in der Nähe und die Mamo springt oft ein, wenn die Tochter arbeiten muss. Eine Win-win-Situation für alle.

Das Gespräch mit Karin macht mich nachdenklich. Wir müssen also nur unser Herz aufmachen und dann nistet sich so ein neues Secondhand-Wesen wieder in unseren Gefühlen ein? Wer weiß? Wer weiß, ob ich mich überhaupt mit meiner Schwiegertochter in spe verstehen werde? Wer weiß, wo mein Weltenbummler-Sohn irgendwann landen und leben wird? Vielleicht kann ich meine Enkel dann nur einmal im Jahr zu Weihnachten besuchen? Und wie wird mein Sohn einmal als Vater sein? Habe ich ihn richtig erzogen, sodass er ein lieber, verständnisvoller Ehemann und fürsorglicher Vater sein wird, der vielleicht auch mal mit dem Kind auf den Spielplatz geht oder so?

Stopp! Solche Gedanken sind doch völlig übertrieben. Der Kerl ist gerade erst ausgezogen, damit kann ich mich immer noch in ein paar Jahren beschäftigen. Jetzt geht es erst einmal um mich.

Diesen Gedanken des An-sich-selbst-Denkens überhaupt zuzulassen, ist mir anfangs nicht leichtgefallen. Ich schaute in das tiefe Loch, das der Auszug von Nicholas in meinem Herzen aufgerissen hatte, und fühlte mich wie in Schockstarre. Ich hatte keinen Plan, wie ich damit umgehen sollte. Zum Glück hatte ich meine Freundinnen. Mit der Hilfe von vielen einzelnen Ratschlägen bin ich wieder in die seelische Balance gekommen und durch meine Morgenroutine habe ich eine ganz neue Geisteshaltung kennengelernt. Ich höre mehr auf die Signale meines Körpers und fühle mich dank regelmäßigem Training und gesunder Ernährung richtig fit. Ich gehe insgesamt achtsamer mit mir selbst um, höre mehr auf meine eigenen Bedürfnisse und Wünsche und habe absolut gar kein schlechtes Gewissen dabei. Auch nicht, wenn ich einfach mal nur auf der Couch liege und chille. In der Schlechtes-Gewissen-Falle saß ich als Working Mom viel zu lange.

Das ist vorbei.

Neulich habe ich gelesen, dass man mit einem stabilen Netz von sozialen Beziehungen leichter durch Krisen kommt, und das kann ich nur bestätigen. Ohne meine Familie und meine Freundinnen würde ich wahrscheinlich immer noch heulend auf dem Sofa sitzen. Sie haben mir zugehört und mich an die Hand genommen, als es mir schlecht ging. Teilweise nicht nur bildlich gesprochen, sondern wie Tina auch tatkräftig. Sie hat einfach geklingelt und gesagt: „Komm, wir gehen mit unseren Hunden Gassi." Oder wie Petra, die spontan mit mir mittags essen geht, wenn sie merkt, dass mich etwas bedrückt. Anrufen kann ich sie eh Tag und Nacht.

Durch das zuverlässige Netz meiner Freundschaften bin ich nicht am großen Riff der ungebetenen Schwestern Einsamkeit und Traurigkeit zerschellt, die mich zunächst im Griff hatten. Sich in den eigenen vier Wänden zu verbarrikadieren und mit niemandem über die eigene Gefühlslage zu reden, ist die schlimmste Variante, um der Einsamkeit zu begegnen. Wer sich nicht in seinem persönlichen Kokon aus Beziehungen geborgen und verstanden fühlt, empfindet das als „sozialen Schmerz", sagt die Forschung. Und der löst eine körperliche Stresssituation aus und erhöht das eigene Risiko zu erkranken.

Habe ich schon gesagt, wie dankbar ich meinen Freundinnen bin?

CHANCE UND WANDEL

Trotzdem fahre ich nachdenklich heim, denn der eine Gedanke bleibt: Zeitgleich mit dem Auszug unserer Kinder und diesem großen seelischen Neubeginn findet meist ein körperlicher Umbruch statt. Da beißt die Maus keinen Faden ab. Die Haut ist nicht mehr ganz so straff wie mit vierzig, vor allem nicht an diesen verflixten Oberarmen. Ich sage nur: Winkeärmchen – meine absolute Horrorvorstellung! Ich habe plötzlich Falten an den Innenseiten (!) der Oberarme und schaue den jungen Mädels in ihren ärmellosen Shirts mit unverhohlenem Neid hinterher. Warum habe ich mich früher nicht mehr darüber gefreut, dass die Haut da so straff ist? Jetzt trauere ich den alten Zeiten mit straffen Oberarmen hinterher und stemme plötzlich Gewichte, was meiner Ansicht nur noch bedingt hilft.

Dazu scheint mich jeden Morgen ein neues Fältchen im Spiegel zu begrüßen, das sich über Nacht da einfach reingeschlichen hat, ohne mich zu fragen, ob ich bereit für diesen Neuzugang bin. Seit Wochen wechsle ich deswegen nicht die durchgebrannte Birne in meinem Badezimmer, sondern schminke mich bei Schummerlicht. So nach dem Motto: Was ich nicht sehe, macht mich nicht fertig. Ich bin sowieso kurzsichtig, sodass der erste Blick morgens ohne Linsen auch jetzt noch voll okay ist. Immerhin pflege ich meine Haut mit unfassbar teuren Super-Anti-Aging-Cremes und -Seren, trainiere meinen Körper weiterhin mit Pilates und Yoga, um beweglich zu bleiben. Wobei das auch nicht immer ein Zuckerschlecken ist. Ich mag meinen Pilateslehrer Miro wirklich, aber während der Stunde und auch am nächsten Tag (tierischer Muskelkater!) kommen mir oft Zweifel, warum ich mir das antue. Meistens passiert das, wenn er vollkommen begeistert „Das ist supercool" ruft, während wir in den Seilzügen hängen und schon sämtliche Muskeln brennen.

Jaja, selbst gewählte Quälerei.

Und irgendwie bin ich auch stolz, dass ich meinen inneren Schweinehund jetzt viel öfter überwinde und mich freiwillig bewege, denn Zeitmangel ist vor mir selbst echt keine Ausrede mehr. Klar werde ich älter, aber ich habe nicht vor, kampflos aufzugeben und mich einfach jammernd aufs Sofa zu legen. *Mens sana in corpore sano*, wusste schon meine alte Lateinlehrerin.

Also hoch mit dem Hintern!

Das mit dem Kinderkriegen ist allerdings definitiv vorbei. Immerhin bekomme ich keine hysterischen Hitzewallungen wie meine Mutter damals, die regelmäßig ohne Vorwarnung in einer einzigen fließenden Bewegung ihre Bluse und das Fenster aufriss und mit hochrotem Gesicht japsend vor mir stand.

Was habe ich mich über Mama damals schlapp gelacht!

Und was habe ich für Angst, dass mir das jetzt auch bald passiert. Aber da scheine ich nicht so anfällig zu sein. Puh. Eine ältere Freundin von mir liegt mir seit Monaten in den Ohren, dass ich mich „einstellen" lassen muss. Klingt für mich nach schwerer Krankheit und Wechseljahre sind keine Krankheit. Das ist Mutter Natur, die uns Frauen schlicht die rote Karte zeigt, wenn es um weitere Fortpflanzung geht. Wie sagte Heidi Klum doch schön? „Der Backofen ist geschlossen." Hübsches Bild. Die Frau ist trotzdem eine Sexbombe und frisch verheiratet mit ihrem jungen Lover. Angeblich kommen die beiden kaum raus aus dem Bett. Tja, keine Kinder mehr bekommen zu können, bedeutet ja nicht, auf Erotik zu verzichten.

Es ist eben ein Umbruch. Mal wieder.

Na, ich bin ja gerade in Übung, was große Veränderungen betrifft. Die Seele ist bei mir wieder im Gleichgewicht, da werde ich das mit dem Körper wohl auch noch hinkriegen. Ich nehme keine Medikamente. Punkt. Und erst recht keine Hormone, solange ich nicht muss.

Zusätzlich zu meiner Morgenroutine meditiere ich zu dem hawaiianischen YouTube-Video, das Barbara mir geschickt hat. Am Anfang war das gar nicht so einfach, weil meine Gedanken immer abgeschweift sind. Und trotzdem hat diese Meditation für Selbstliebe und radikale Vergebung sich selbst gegenüber und allen anderen um einen herum etwas in mir angesprochen. Das Mantra ist ganz einfach: „Es tut mir leid. Bitte vergib mir. Ich liebe dich. Ich danke dir." Und damit ist man meistens selbst gemeint. Man darf sich vergeben, wenn man nicht perfekt ist, wenn man Fehler gemacht oder eine Chance für sich selbst nicht genutzt hat, wenn man Selbstzweifel hatte, nicht gut genug, schön genug, erfolgreich genug zu sein.

Ich höre mir die Meditation oft an, wenn ich durch den Wald laufe, und merke richtig, wie ich vieles loslassen kann, wenn ich die immer gleichen Sätze wiederhole. Im Wald hört mich ja keiner, da kann ich ganz laut mitsprechen. Dann komme ich in einen körperlich-seelischen Gleichklang, der mir unglaublich guttut. Ich schwinge mich sozusagen auf eine höhere Energie, die mich mit Glücksgefühlen anfüllt. Uii, klingt schon wieder spirituell. Na egal.

Und im Grunde war es wie gesagt Nicholas, der den Anstoß gegeben hat zu dieser entspannenden Erfahrung. Er meditiert regelmäßig und hat mich von Anfang an ermuntert, das auszuprobieren. Mal wieder folge ich meinem Sohn auf einem Weg, den er schon beschritten hat. Ein richtig gutes Gefühl, das meiner Seele übrigens zu mehr Gelassenheit verholfen hat.

In meiner sonntäglichen Pilatesstunde blinzele ich als zusätzlichen Ansporn gerne ab und zu rüber zu den anderen Mädels, die höchstens fünfunddreißig sind. Ich bin ja wie gesagt eigentlich nicht so ehrgeizig, was Sport betrifft, aber wenn ich länger in der anstrengenden Haltung bleiben kann und nicht ganz so laut schnaufen muss wie sie, freue ich mich heimlich wie ein Schnitzel. Ich feiere mich sozusagen selbst. Darf man das? Ich finde schon.

Mein Körper ist wieder in Shape. Besser sogar als vor fünf Jahren, weil ich kaum noch Fleisch esse, mir mehr Zeit für mich selbst nehme, achtsamer bin, mehr in mich hineinhorche, mehr und länger durch den Wald laufe, was Aylin mit wilden Sprüngen durch das Unterholz feiert. Wir laufen jetzt richtig Strecke an den Wochenenden, die ich früher mit Kochen und Hausaufgabenkontrollieren verbringen musste. So viel Zeit für mich war früher undenkbar – und so viel Unbeschwertheit auch.

Selbst beim herrlichen Familienfrühstück am Sonntag, bei dem wir über die kommende Woche sprachen, schwang auch immer insgeheim ein bisschen die Angst mit, was denn die neue Schulwoche wieder für schlechte Vibes in unser Haus wehen würde. Also so richtig entspannt waren die Sonntage eigentlich nur in den Ferien.

Und jetzt?

Jetzt nutze ich die Wochenenden ganz egoistisch und komplett ohne schlechtes Gewissen nur für mich. Mal koche ich, mal nicht, mal hole ich Semmeln, mal nicht. Ganz nach Lust und Laune. Ein weiterer fetter Pluspunkt auf meiner Empty-Nest-Liste.

Früher waren die Stimmen um mich herum oft so laut, dass ich meine eigene kaum noch gehört habe. Ich habe eben gemacht, was Mamas so machen. Vor allem funktioniert für Mann und Kind, die sich an den Wochenenden entspannt haben. Das hat sich verändert. Zum Positiven. Ich nehme mir Auszeiten und wenn ich einfach mal zwei Stunden auf meiner Liege im Garten liegen und etwas lesen will, mache ich das einfach. Früher hätte ich ständig überlegt, ob es nicht doch etwas im Haushalt zu tun gibt oder mit welchem Programm ich mein Kind noch bespaßen kann.

Tennisplatz, Klettergarten, Schwimmbad, Radtour.

Puh.

Sollen doch gerne die Mütter mit den kleinen Kindern machen …

Barbara | Miami

Wechsel-jahre

Einer meiner ältesten Freunde ruft mich an und sagt: „Claudia spinnt. Also ich bin ja ein geduldiger Mensch und liebe sie über alles, aber gestern ist sie mitten in der Nacht aus dem Ehebett gesprungen, hat die Terrassentür aufgerissen und sich im Nachthemd ohne Schuhe in den Schnee gestellt. Ich habe total unter der Bettdecke gefroren. Das Zimmer war eiskalt!"

Fast alle meine Freundinnen sind in den Wechseljahren und auch bei mir haben sich Kleinigkeiten verändert, auch wenn ich noch nichts von derartigen Hitzewallungen spüre. Mittlerweile schlafe ich ein wenig schlechter und wache öfter auf, das ist mir früher nie passiert. Ich lasse mir auch für manche Dinge, die früher nebenbei liefen, mehr Zeit. Das wiederum finde ich gar nicht so schlecht. Der Körper zwingt mich dazu, noch mehr auf mich selbst zu hören und darüber zu reflektieren, wie es mir wirklich geht.

Zwar mag ich es immer noch nicht, allein zu leben, aber ich sehe es jetzt als Lebensphase und es schnürt sich mir nicht automatisch der Hals zu. Die Verlustängste habe ich überwunden, jetzt geht es nur um mich. Ein ganz neues Lebensgefühl für mich.

DIE VIELEN FACETTEN DER WEIBLICHKEIT

Die Zeit des Alleinseins nutze ich, um meinen Körper, meinen Geist und meine Seele zu pflegen. Mein Haus ist mittlerweile wie ein Wellnesstempel. Fast jeden Morgen lege ich mir eine Maske auf – stört ja keinen. Ich probiere so ziemlich alles an Beautyprodukten aus, was ich kriegen kann. Die Meeresalgenmaske muss ich erst einweichen, mixen, einfrieren und dann wieder auftauen. Egal. Wenn's hilft! Ich habe keinen Zeitdruck.

Ich mache Yoga und Pilates, arbeite an meiner Beweglichkeit und probiere neue Bewegungstechniken aus wie Schwungübungen für die Faszien. Meine neue Yogalehrerin ist mehr Motivationscoach als Fitnesstrainerin und unterstützt mich auf meinem Weg zu mir selbst, bei dem es eben nicht darum geht, möglichst schnell einen Spagat zu können oder irgendeine andere sportliche Meisterleistung zu erbringen. Es geht darum, sich überhaupt aufzumachen – diese Entscheidung birgt bereits die schönste Belohnung in sich. Das gilt übrigens auch für den Weg heraus aus meinem „Empty Nest". Es geht nicht darum, *was* ich jetzt tue – sondern es geht um die bewusste Entscheidung, überhaupt etwas *für mich* zu tun. Das Ergebnis ist letztlich egal. Und damit muss man übrigens nicht erst anfangen, wenn die Kinder ausgeflogen sind – an der Auseinandersetzung mit sich selbst kommt auf seinem Lebensweg niemand vorbei. Je früher man damit anfängt, desto besser.

Viele meiner Freundinnen entdecken gerade ihre weibliche Superpower und diesen Trend finde ich sehr interessant. Die einen propagieren holistische Reinigungsrituale für die weiblichen Geschlechtsorgane, nehmen Dampfbäder mit Beifuß und „erlösen" so das Epizentrum ihrer Weiblichkeit. Andere buchen ganze Retreats bei „Priesterinnen", um ihre feminine Kraft, die weibliche Göttlichkeit zu erwecken und wirklich als Frau gesehen zu werden.

Ich fühle mich davon angesprochen und denke viel darüber nach, was es für mich bedeutet hat, schwanger zu sein. Ging es nur darum, Kinder zu gebären, oder steckte ein tieferer Sinn dahinter? Auch ich möchte meine Weiblichkeit besser verstehen, alle femininen Seiten an mir entdecken, jede Region meines Körpers wirklich kennenlernen, denn all das bin ich.

Ich habe keine Lust mehr auf Tabus, denn ich denke, dass in der Weiblichkeit eine riesige Kraft steckt und wir Frauen diese noch mehr für uns nutzen können. Um ein erfülltes Leben zu haben und um uns gegenseitig zu unterstützen. Wir Frauen haben uns den Männern ja oft angepasst, wir wollten stark sein, unabhängig. Vielleicht wäre es jetzt an der Zeit, die Weiblichkeit in dieser Welt mehr auszuleben?

Für mich geht es um das tiefe Bewusstsein, eine Frau zu sein, um die feminine Seite von Kraft und Stärke, die sich anders ausdrückt als die maskuline. Wir Frauen können zeigen, dass sich mit Gefühl und Empathie eine Menge bewegen lässt. Nicht immer nur mit Ellenbogen und

Machtbewusstsein. Ich denke, die Zeit ist reif dafür. Für ein tief empfundenes Miteinander der Frauen untereinander, die sich gegenseitig akzeptieren und unterstützen, die sich in der Gegenwart der anderen nicht verstellen, nicht performen müssen. Sondern die wie eine Armee zusammenhalten.

Eine Sisterhood als Lebensmodell.

Christiane | München

Horizonte

Es ist Wochenende und ich erlebe einen schweren Rückfall ins „Verlassene Mutter"-Loch. Dabei haben sich doch die vergangenen Wochen und Monate so gut angefühlt. Angefüllt mit Sport, Treffen mit neuen und alten Freunden, meinen Meditationen, Yoga und Waldläufen.

Doch heute reicht das nicht. Ich habe Zeit. *Viel zu viel Zeit*, stöhne ich innerlich. Wie fülle ich die nur? Ich will ja jetzt nicht zu einer völlig hysterischen Superhausfrau mutieren, die ständig das Haus putzt, falls doch mal Besuch kommen sollte. Früher lagen eh eindeutig mehr gebrauchte Socken überall herum … und Putzsucht ist nun wirklich nicht mein Gendefekt. Ich brauche was Kreatives, eine neue Herausforderung, einen Plan für die überflüssige Zeit an den Wochenenden …

LASS UNS EIN BUCH SCHREIBEN!

„Du wolltest doch immer ein Buch schreiben, hattest aber nie Zeit dazu. Mach das doch jetzt! Erfülle dir diesen Traum", sagt meine Schwester, als ich sie am Abend leicht verzweifelt anrufe.

Schon, aber worüber soll ich denn schreiben? Meine Gedanken kreisen immer noch nur um ein Thema.

„Ist doch eine gute Idee", sagt Barbara zwei Wochen später, als wir uns mal wieder in München sehen. Sie ist inzwischen regelmäßig in Deutschland, trifft Geschäftspartner und absolviert hier ihre Arzttermine. Auch ist sie freier geworden in ihrer Zeiteinteilung. Wir haben in den vergangenen Monaten so viel telefoniert, den Auszug unserer Jungs quasi parallel erlebt, auch das Loch, in das wir beide praktisch zeitgleich gefallen sind. Wir haben uns unter Lachen und Weinen gegenseitig aufgepäppelt und wieder aufgerappelt, uns gegenseitig ermuntert, ermahnt und bestärkt. Wir mochten uns immer sehr, aber durch unsere Söhne ist unsere Freundschaft noch enger geworden. Jede war der Anker der anderen. Schon das Wissen, dass die andere gerade das Gleiche durchmacht, sorgt dafür, dass man sich nicht mehr so allein fühlt. Geballte Freundinnenpower eben. Also sage ich zu ihr: „Lass uns das doch zusammen durchziehen! Wir beide schreiben uns den ganzen Quatsch von der Seele." Ein paar Monate später tue ich etwas, was ich mich noch nie getraut habe, seit ich bei *Bunte* bin – also die letzten zwanzig Jahre. Ich bin im Januar einfach mal nicht da. Den ganzen Monat nicht – trotz Golden Globes, Filmpreis, Filmball, Hahnenkamm-Rennen und tausend anderer wichtiger Dinge. Die Kollegen reagieren verblüfft, einige irritiert, andere spekulieren. Denn so kennen sie mich nicht. Ich bin sonst immer irgendwie verfügbar. Meine Freundin und Kollegin Desiree beruhigt die Gemüter, wie sie mir später lachend verrät: „Christiane braucht mal Zeit für sich. Sie lässt es sich gut gehen. Einfach so."

Na, nicht ganz. Denn gerade sitze ich hier in der Sonne Floridas und rede mit Barbara über unsere leeren Nester. Über das Empty-Nest-Syndrom, das wir beide durchlitten haben. Wie wir es geschafft haben, diese riesige Herausforderung anzunehmen, und wie wir gelernt haben, uns mit den leeren Nestern bei uns zu Hause zu arrangieren. Unsere Gespräche sind wie ein intensives Aufarbeiten dieser herausfordernden Zeit und manches wird uns noch einmal bewusster.

Mein Sohn studiert inzwischen im vierten Semester und absolviert gerade sein Auslandsjahr in Washington. Nach dem Bachelor will er auch unbedingt noch ein Zusatzsemester an der Waseda University in Tokio machen. Na klar, wo sonst? Es ist sein Ziel, nicht meins. Das ist es wohl, worum es am Ende geht. Dass die Kinder ihre Ziele finden und ihre Leidenschaften leben. Egal, in welchem Bereich.

Wenn mir ein junges Mädchen sagt, dass sie gerne Modejournalistin werden möchte, frage ich meist zurück: „Mach das! Aber bist du dir ganz sicher, dass du die nächsten vierzig Jahre nur über Rocklängen, angesagte Looks und Trendfarben schreiben möchtest? Dann bist du wirklich eine Fashionista. Wenn ja, *go for it!* Wenn nicht, mache lieber eine mediale Ausbildung, die dich breiter aufstellt." Wir können der Jugend Hilfe anbieten und vielleicht auch über unsere Erfahrungen reden, aber loslaufen müssen sie allein.

EIN NEUER FRÜHLING

Die nächsten Wochen in Florida quartiere ich mich bei Freunden ein, um mein Buch zu schreiben. Zu Hause in München schneit es, hier hat der Frühsommer das Zepter in die Hand genommen. Über meinem Kopf ist gerade ein Schwarm grüner Papageien vorbeigeflogen, das Wasser im Pool plätschert, die Luft ist lau, das Leben ist schön. In dieser Stimmung tippe ich auf meinem Laptop – fröhlich bewacht von den beiden Hundedamen Ginger und Maya.

Abends sitze ich manchmal dabei, wenn die beiden pubertären Töchter meiner Freunde ihre Eltern piesacken. Ich lache und tröste die beiden, dass das nur eine Phase ist und man einfach die Nerven behalten muss. Denn ihre Töchter sind wirklich toll.

Zwischendrin besuche ich immer wieder Barbara und einmal machen wir einen witzigen Ausflug von ihrem Haus rüber nach Miami Beach. Wenn man hier über den Highway fährt, wird man mit schöner Regelmäßigkeit von wilden Kamikaze-Drivern geschnitten. Da dürfen einen Sechzehnjährige in riesigen Autos sogar von rechts überholen, wobei ich jedes Mal einen halben Herzinfarkt bekomme, denn ich weiß, wie Jugendliche in dem Alter ticken: volles Selbstbewusstsein, null Überblick, alles nur Speed!

Mit Barbara tucker ich allerdings gemütlich in ihrem Golfcart, ein „richtiges" Auto hat sie ja nicht, Richtung Ocean Drive. Sie hat ihr kleines Elektrofahrzeug für den Straßenverkehr zugelassen und so sitzen wir entspannt unter einem kleinen Dach und die Autos überholen uns langsam, um zu sehen, welche Verrückten so durch Miami cruisen.

Auf einmal entdecken uns deutsche Touristen an einer Ampel und der Mann zeigt auf uns, als hätte er eine Erscheinung.

Seine resolute Frau haut ihm auf die Finger und sagt laut: „Jetzt lass doch mal, Karl. Die ist auch nur ein Mensch." Ja, sie meint meine Freundin Barbara, die sonst hier meistens unterm Radar läuft. Barbara setzt ihr schönstes Lächeln auf und lacht: „Welcome to Miami!" Die Touris freuen sich so, dass sie Barbara um ein Selfie bitten.

Der volle Rund-um-wohlfühl-Service made by Frau Becker. Später bei ihr zu Hause kommt noch ein Freund von Elias vorbei und ich grinse, als er folgende Geschichte zum Besten gibt: „Neulich waren wir drei Stunden Basketball spielen. Alle Jungs waren total verschwitzt und sahen fertig aus. Wir brauchten ganz klar was zu essen und zu trinken und sind alle zusammen in unseren Lieblingsladen *Apple A Day* rein. Die hübsche Verkäuferin checkt uns alle ab. Ihr Blick bleibt an Elias hängen und sie sagt: ‚Bist du ein Model oder Schauspieler?' Woraufhin er sich lässig die Haare aus der Stirn streicht und sagt: ‚Ja, kann sein.'"

Jetzt müssen wir alle lachen, denn wir kennen natürlich die sexy Modelfotos von Elias, die regelmäßig auf Instagram für Furore sorgen. Und wer weiß? Vielleicht wird er auch noch Schauspieler oder dreht Dokumentarfilme.

Ich bin sicher, unsere Jungs sind noch für einige Überraschungen gut. Hier in Miami haben wir Zeit für stundenlange Frauengespräche, einfach so, ohne Druck und Anspruchshaltung, aber dafür mit viel Gelächter über uns selbst. Wir sind beide offen für Spiritualität und es reizt uns, mal so ein Frauenretreat zu machen und die „Goddess" in uns zu erwecken, wie es in den USA gerade so gehypt wird. Bisschen verrückt? Vielleicht, aber wer bestimmt, wo die Grenzen von Weiblichkeit und Frauenpower sind? Wir müssen keinen Rahmen mehr schaffen für unsere Kinder und diese Erkenntnis hat bei uns beiden Herz und Verstand noch einmal auf eine neue Ebene erhoben. Wir sind jetzt nicht auf einem Egotrip, denn über allem schwebt die Liebe als stärkste Kraft in unserem Leben, aber es öffnen sich gerade viele neue Möglichkeiten, die wir früher vor lauter Kindererziehung nicht gesehen haben. Oder nicht sehen wollten, weil wir unsere eigenen Bedürfnisse hintangestellt haben. Die Zukunft birgt nicht nur für unsere Kinder unendlich viele Facetten, wie sie ihr Leben gestalten wollen, sondern auch für uns. Das fühlte sich am Anfang total ungewohnt an und hat uns beiden ein wenig Angst gemacht, aber längst überwiegt die pure Freude und das Gefühl, innerlich gewachsen zu sein.

Was ich besonders genieße: Wieder spontan sein zu können so ganz ohne Stundenpläne und Ferienzeiten, denn das entspricht meinem Wesen wirklich mehr als monatelanges Vorplanen – hatte ich nur irgendwie vergessen.

So freue ich mich riesig, als meine Freundin Kiki, die auch seit vielen Jahren in Miami lebt, mich am nächsten Tag für den gleichen Abend zur Happy Hour am Strand von Key Biscane einlädt. Reine Mädelsrunde, wie sie betont. Wenn das mal kein super Vorschlag ist!

Ich schnappe mir das Weihnachtsgeschenk, das ich von Nicholas bekommen habe und das mich hier nach Miami begleitet hat. Bei seinem Sprachkurs in Japan hatte er sich mit einem jungen Inder angefreundet und hält immer noch zu ihm Kontakt. Ihn hatte er rechtzeitig vor Weihnachten gebeten, einen hellblauen Schal aus Kaschmir zu besorgen. Also einen richtig echten aus der Gegend Kaschmir. Sein Kumpel wiederum hat seine Mama losgeschickt, um für mich das Geschenk zu besorgen. Mütterliche Connection über Kontinente hinweg sozusagen.

Wir Mütter überlegen ja immer, womit wir unseren Kindern eine Freude machen können, und jetzt hat sich auch das gedreht. Nein, ich habe nicht geheult unter dem Tannenbaum, aber ich war ganz nah dran, als ich den federleichten Schal ausgepackt habe. Ich wurde überrascht, er hat sich Gedanken gemacht. Deswegen habe ich mich so gefreut. Und weil der Schal wirklich schön ist …

Der Schal liegt um meine Schultern, als ich am Abend gut gelaunt und entspannt in einer lustigen Mädelsrunde sitze. Es ist etwas windig und der Strand wirkt ein wenig wie Sylt, aber wir lachen und quatschen stundenlang.

Kikis Tochter ist fertig mit dem Studium und zieht jetzt nach Frankfurt, sie hat schon jetzt ein bisschen Panik davor, wie das sein wird, wenn das Kind so weit weg ist.

Hah! Da kann ich helfen.

Bloß nicht zu Hause rumsitzen und die Wand anstarren, rate ich ihr. Nutze deine Zeit, um Dinge nur für dich selbst zu machen. Lasse Altes los! Erfinde dich neu! Trau dich!

Wir unterhalten uns über unser Morgenritual – auch Kiki ist begeistert von Patricia, schließlich habe ich sie auf ihrer Spendengala kennengelernt – und wir bestätigen uns gegenseitig, dass allein schon die positive Energie am Morgen für einen Happyflash sorgt. Freundinnenpower at it's best! Wir lachen, bis uns die Tränen kommen.

Der sonnenverwöhnte Kellner bringt uns eine Flasche Prosecco nach der anderen. Sechs Frauen, deren Kinder alle schon aus dem Haus sind. Klar vermissen wir sie. Und trotzdem ist es auch schön, dass wir uns jetzt nur noch um uns selbst kümmern dürfen.

Hier in Miami genieße ich, zum ersten Mal seit so vielen Jahren vier Wochen am Stück nur das zu machen, was ich möchte, was mir guttut – und ich spüre ganz tief in mir, dass das keine Flucht aus dem Alltag ist, in den ich danach wieder zurücktaumeln werde. Ich habe mich verändert, habe gelernt zu erkennen, was meine Träume und Ziele sind, und dafür einzustehen. Aber ich war, bin und bleibe eine Mutter. Ich habe dieses Kind vom ersten Augenblick an mit jeder Faser meines Herzens geliebt – und nichts wird etwas daran ändern können. Doch die neue Freiheit und das Loslassen dieses Kindes hat bewirkt, dass ich mir heute mehr zutraue als je zuvor.

Diese Wochen hier in Florida sind erst der Anfang, das fühle ich deutlich. Plötzlich denke ich nicht mehr in den gelernten Familienkategorien, sondern fühle mich frei für alles Neue und Aufregende. Genauso geht es den anderen Müttern um mich herum. Klar, die Kinder sind noch immer unser größtes Glück, aber wir definieren den Sinn des Lebens nicht mehr ausschließlich über sie. Wir gestatten uns wieder eigene Träume und Wünsche, haben eine unbändige Lust auf Leben, Lieben, Lachen.

Wie wir uns fühlen?

Großartig!

Barbara | Miami

Dankbar-
keit

Manchmal war es nicht gleich auf den ersten Blick erkennbar, aber das Leben war immer gut zu mir. Je mehr ich darüber nachdenke, desto mehr Dankbarkeit breitet sich in meinem Inneren aus. Mein Nest ist leer, das Haus still. Doch das hört sich nur im ersten Moment traurig an, denn ich habe mich daran gewöhnt und kann jetzt gut alleine leben.

ALLES IST OFFEN

Ich wandere durch das Haus und überlege, ob ich etwas verändern soll. Als Noah nach Berlin ging, ist Elias in sein Zimmer gezogen und ich hatte ein Gästezimmer mehr. Für Elias' Zimmer schwebt mir noch kein Verwendungszweck vor. Soll ich es deshalb einfach so lassen? Das würde doch aussehen, als würde ich für immer auf ihn warten, oder? Außerdem wirkt die geschlossene Tür für mich wie eine ständige Mahnung, dass diese Phase meines Lebens vorbei ist.

Ich könnte aus seinem Zimmer beipielsweise einen Sportraum machen, überlege ich.

Hm. Noch nicht. Irgendwann. Es hat alles seine Zeit …

Und es ist ja nicht so, als ob sich in meinem Leben nicht schon genug verändert hätte. An meinen neuen Rhythmus habe ich mich nämlich längst gewöhnt. Ich schlafe länger, mache morgens in Ruhe meinen Sport, danach Büro, im Garten werkeln, Konzepte schreiben, Telkos. Alles hat sich eingespielt. Abends muss ich mir keine Fußballspiele irgendwelcher spanischen Clubs mehr anschauen, sondern sehe Talkshows, Dokumentationen und sogar Hochzeitsshows oder Reality Soaps. Jemand findet seinen Bruder wieder nach zwanzig Jahren oder den Onkel – ich liebe das und keiner stöhnt, wenn mich das Mitgefühl überwältigt und ich eine Träne wegblinzele.

Wohin wird mich das Leben noch führen? Alles ist offen und ich freue mich darauf. Diese Reise zu mir selbst ist komplizierter, aber auch aufregender, als ich dachte und mir vorgestellt habe.

Doch nicht nur mein Mindset programmiere ich gerade neu, ich bin auch sonst voller Tatendrang, lasse mir im Garten vier Hochbeete aufstellen und ernte ab jetzt jeden Morgen frisches Basilikum, Kresse, Salbei, wilden Oregano und viele verschiedene Heilkräuter für meine Kräutertees.

Außerdem experimentiere ich fleißig in der Küche mit meinen Schätzen und die Ergebnisse sind erstaunlich. Klingt vielleicht nach Schrebergartenidyll, aber ich mag das so. Ich ziehe mit Hingabe meine Kräuter und pflanze auch gleich noch einen Schmetterlingsgarten.

Früher habe ich mir für die Kinder fast täglich ein Unterhaltungsprogramm ausgedacht und hatte wirklich alles parat: erst Malbücher und Stifte, später Gitarren, Bongos, den Basketballkorb, ein Baumhaus, eine Tischtennisplatte, Bücher und Mikroskope – das volle Programm.

Mir war es auch wichtig, dass die Kinder im Einklang mit der Natur aufwachsen, in Kontakt zu Tieren kommen. Deswegen hatten wir Hunde, Riesenschildkröten und sogar mal ein Minihausschwein, das aber leider größer wurde als unser Hund.

Ich mochte auch meine gelbe Schlange, die drei Jahre bei uns gewohnt hat, aber vor der hatten zu viele Kinder Angst.

Als die Kinder klein waren, hatten wir auch eine Zeit lang einen weißen Kakadu in Pflege, der in einer Voliere bei uns im Garten lebte, sprechen konnte und sogar Kunststücke machte. Der Vogel war der Hit bei den Kids.

Leider nicht bei den Nachbarn, denn er hatte die Angewohnheit, sich wie die Tiere im Dschungel lautstark bemerkbar zu machen, und sein Kreischen war bis zur Nachbarinsel zu hören. Das kam auf Dauer nicht so gut an.

Der Kakadu und alle anderen Tiere, die wir über die Jahre aufgenommen haben, kamen alle von der „Humane Society Miami" zu uns – eine Organisation von Tierrettern, deren Unterstützung mir sehr, sehr am Herzen liegt.

Seit Jahren veranstalte ich „Tierpartys" bei mir zu Hause, um Spenden zu sammeln oder Tiere an nette Menschen zu vermitteln.

SO VIEL LIEBE ZU GEBEN

Seitdem die Jungs weg sind, habe ich dieses Engagement noch weiter ausgebaut und als meine Mutter mich besuchen kommt, ist es wieder so weit. Die nächste „Tierparty" steht an und mein Haus ist endlich mal wieder von Kinderlachen erfüllt. Meine Freundin Annette hat ihre fünfjährige Tochter mitgebracht und noch eine Freundin mit einer kleinen Tochter. Es sind auch ein paar Jungs aus der Nachbarschaft gekommen, die noch nicht aufs College gehen, denn oft haben die Tierretter exotische Exemplare dabei, die im Tierheim bei ihnen abgegeben wurden. Dieses Mal sind es ein Stinktier und eine vier Meter lange Schlange, die sich die Mutigen um die Schultern hängen.

Wir haben Stühle im Kreis auf der Terrasse aufgestellt, es gibt Snacks und Getränke wie bei einer richtigen Party.

Da höre ich plötzlich einen Schrei und eines der kleinen Mädchen kommt angerannt. „Mich hat gerade eine Biene gestochen." In Windeseile hole ich das Notfallset für Bienenstiche aus dem Arzneimittelschrank, der bei mir übertrieben groß ist, denn ich bin eine Mischung aus Hypochonder und Krankenschwester. Zur Behandlung von Bienenstichen habe ich immer alles griffbereit, weil sich bei mir im Garten drei wilde Bienenvölker angesiedelt haben. Also gebe ich Tupfer und Lösung auf den bereits leicht angeschwollenen Finger und ziehe unter einer Lupe den Stachel raus.

Bei Schmerzen und Verletzungen springt bei mir der Autopilot an, das müssen noch die alten Mutterinstinkte sein. Ich habe so ziemlich alles zu Hause, was man im Notfall braucht. Vom Hustensaft bis zur antiseptischen Tinktur. Wenn es kritisch wird, versuche ich, den Überblick zu behalten. Ich habe immer einen Plan B und wenn der nicht funktioniert, sogar noch Plan C.

Nach dem Bienenzwischenfall ist die Party noch nicht zu Ende, denn Robert hat ein weiteres Highlight versprochen. Alle sitzen wieder wie die Kindergartenkinder im Stuhlkreis, als er in unsere Mitte die süßeste Babybergziege setzt, die ich je gesehen habe. Die Kinder kriegen große

Augen angesichts der putzigen Ziege, die unsere Grashalme akribisch inspiziert. Das Stinktier und die Schlange sind vergessen. Eindeutig ist diese kleine Ziege der Star der Veranstaltung – und sie braucht Hilfe! Ich schaue Annette an, sie schaut mich an und dann haben wir einen Deal. Wir adoptieren die Miniziege gemeinsam und teilen uns die Zeit mit ihr auf. Ein paar Tage später sitze ich draußen auf der Liege, gebe LeBron das Fläschchen und streichle eine Stunde lang seinen Bauch, bis er wie ein Baby verdaut hat. Damit kenne ich mich schließlich aus. Nur meine Mama ist nicht begeistert von dem neuen Familienmitglied, das gerne auch in der Küche seine kleinen Kackkügelchen fallen lässt.

„Barbara, Ziegen fressen alles ab, was sie finden."

Ich schaue Mama an und sage: „Ja, vielleicht, aber das entscheide ich jetzt einfach mal so."

In dem Moment fällt ihr eine Geschichte aus meiner Kindheit ein, die sie völlig verdrängt hatte: „Ach so, stimmt. Du kennst dich ja jetzt mit Ziegen aus."

Als ich vierzehn Jahre alt war, wollte ich in den Sommerferien unbedingt in die Pyrenäen, weil ich überzeugt war, dass man dort am besten Französisch lernt. Leider landete ich bei einer Bauernfamilie, die mich als kostenlose Arbeitskraft zum Ziegenhüten benutzte.

Ich sah den ganzen Tag niemanden. Also niemanden, mit dem ich sprechen konnte, denn ich war mit den Ziegen allein im Wald. Von Sonnenaufgang bis Sonnenuntergang. Ich war ein Stadtkind aus Karlsruhe, das die wenig gastfreundliche Gastfamilie auf Stroh schlafen ließ, mit dem man nicht sprechen musste und das lieber das harte Leben von Ziegenbauern kennenlernen sollte.

Besonders schlimm empfand ich die totale Dunkelheit in der Nacht, aber ich durfte kein Licht anmachen. Mein Gefühl war, dass die Bauern überhaupt keinen Strom hatten. Um halb fünf musste ich aufstehen, erst den Stall ausmisten und dann dabei helfen, den Ziegenkäse anzurühren. Dann wurde die Tür aufgemacht und ich musste schauen, dass ich irgendwie hinter dem Ziegenbock hinterherkam, der schnurstracks vorneweg in den Wald lief, denn da ich nur für ein paar Wochen da war, hatte der freche Bock natürlich keinen Respekt vor mir. Die Herde wurde von zwei Hunden zusammengehalten und der Bauer hatte mir eine altmodische Panflöte in die Hand gedrückt, um die Herde am Abend nach Hause zu treiben.

Diese sechs Wochen fühlten sich wirklich unendlich lange an. Nie mehr im Leben wollte ich etwas mit Ziegen zu tun haben und jetzt sitze ich hier in meiner Küche und gebe einem Ziegenbaby die Flasche! Meine Mutter schaut mich an, als hätte ich kurzfristig den Verstand verloren, aber ich genieße es, dass sich dieses kleine Wesen voller Hingabe an mich kuschelt und mir durch Küche und Garten folgt, als wäre ich sein Muttertier. Meine Hundedame Lucy findet das Baby mindestens so süß wie ich und bald liegen die zwei eng aneinandergekuschelt auf dem Hundekissen.

Ich fühle mich zurückversetzt in die Zeit, als meine Kinder nur von Milch und Liebe gelebt haben. Der Gedanke macht mich wehmütig – und stolz zugleich: Ist es nicht großartig, wie aus kleinen Babys plötzlich große Männer werden? Vor einiger Zeit war ich mit Elias weit draußen auf dem Meer windsurfen. Als ich fertig war, packte er mich an meiner Schwimmweste und hob mich aus dem Wasser. Einfach so. Genau so, wie ich es früher immer mit ihm gemacht hatte. Ist der Lauf des Lebens nicht verrückt?

Natürlich vermisse ich meine Kinder noch und das sage ich ihnen auch. Aber ich richte mein Leben nicht mehr komplett nach ihnen aus. Es war bestimmt nicht alles richtig, was ich gemacht habe, aber auch nicht alles falsch. Das sagen jedenfalls meine Söhne, die sich in letzter Zeit oft bei mir bedanken. Nicht am Muttertag oder am Geburtstag, sondern einfach so, ohne Anlass.

Neulich machte mir Elias Komplimente, wie ich ihn bei einer Entscheidung unterstützt hätte und wie toll er das fand. Eigentlich habe ich ihn nur in Ruhe gelassen, aber vielleicht ist genau das das Geheimnis. Dass wir unsere Kinder zum richtigen Zeitpunkt ihren eigenen Weg gehen lassen und nicht mehr in eine Richtung schieben und zerren, die uns passt. Und jetzt geht es vor allem um mich. Es ist ein anderer Lebensabschnitt, eine andere Zeit. Ich möchte herausfinden, wohin mich mein Weg führen wird, was für mich in meinem Leben jetzt wirklich Sinn macht. Welche Träume und Wünsche ich realisieren möchte, was ich wirklich will. Woran ich Spaß habe.

Ich entwickle immer mehr Achtsamkeit im Umgang mit mir selbst, schaue sehr bewusst auf die Dinge und überlege, ob ich das jetzt nur mache, weil es sich anbietet oder weil ich das wirklich möchte. Ich hinterfrage stärker, wie sich etwas für mich anfühlt, wo meine Leidenschaft liegt.

Diese tiefe Selbstreflexion kann einem niemand abnehmen, das muss man selbst machen und ich finde es schön, dass ich jetzt die Muße dazu habe, auch noch einmal über meine Hoffnungen nachzudenken. Mein neuer Lebensabschnitt bedeutet eine Neuorientierung in vielerlei Richtung. Ich beschäftige mich mit Themen, die mich interessieren, überlege, was ich noch alles planen, lernen, realisieren kann. Vor allem aber weiß ich, dass es letztendlich nicht um das geht, *was* ich tue, sondern *dass* ich es tue!

Vor mir liegen unendlich viele Möglichkeiten und ich möchte nichts mehr auf später verschieben, weil andere Dinge wichtiger sind, ich möchte es jetzt wirklich machen. Ich darf mein Leben in jeglicher Hinsicht so gestalten, wie ich möchte. Frei. Vor mir liegt eine Zukunft der unbegrenzten Möglichkeiten und das ist der größte Luxus, denke ich. Ich kann Spanisch lernen, Philosophieseminare an der Uni belegen, mir neue Designs überlegen oder einfach zu Hause Geige spielen. Alles ist möglich, nichts ist mehr nötig. Dieses Gefühl hatte ich zuletzt als junge Frau, aber ich bin nicht mehr die, die ich mit neunzehn war, und das ist gut so. Jetzt kann ich die Fülle des Lebens noch mehr genießen. Ohne Druck, ohne Erwartungen von außen.

Jetzt geht es um mich.

Nachwort

ch stehe an der Fleischtheke und frage mich, was ich hier mache. Der Metzger schaut mich an, als würde er am liebsten sagen: „Lange nicht gesehen." Aber natürlich lautet seine freundliche Frage: „Was darf's denn sein?"

Und dann ordere ich Steaks, Hühnchen und ein paar Grillwürstel fürs Wochenende, dazu noch Schinken in allen Variationen für die morgendlichen Rühreier. Ich lege alles mit einem großen innerlichen Stoßseufzer in den Wagen, denn Fleisch steht seit Monaten nicht mehr auf meiner Einkaufsliste. Ich bin jetzt Flexitarier, wie es so schick neudeutsch heißt, und ich fühle mich damit besser als früher, leichter, fitter, gesünder.

Aber jetzt ist das Kind wieder da, coronabedingt. Mitten in seinem Auslandssemester in Washington, D. C. begann die Pandemie, der Campus wurde wie überall auf der Welt geschlossen, alle Studenten nach Hause geschickt und das Semester online beendet.

LEICHT, VERTRAUT UND DOCH VERÄNDERT

Ich selbst arbeite aus dem Homeoffice, jeden Morgen ruft der Chef per Videocall an, um die Themen zu besprechen. Interviews führen wir zurzeit meistens per Facetime. Wir alle mussten uns in Windeseile umstellen, aber zum Glück liebe ich ja neue Herausforderungen. Und natürlich bin ich happy, dass mein erwachsener Sohn wieder hier bei uns wohnt und in Sicherheit vor den alarmierenden Zahlen in den USA ist. Offenbar hat er nur vergessen, dass er sich sein Leben längst woanders eingerichtet hatte. Und wir unser Leben ohne ihn. Es dauert nicht einmal zwei Tage, bis Nicholas gemütlich auf der Couch sitzend fragt: „Möchtest du mir die Wasserflasche auffüllen, Mama?"

Nein, möchte ich nicht. Konnte er doch in Frankfurt und Washington auch allein.

Ein paar Stunden später heißt es: „Was essen wir denn heute?" In der Mama-Sohn-Übersetzung bedeutet das: „Was kochst du?"

Das Einkaufen habe ich komplett wieder übernommen. Hm. Das lief doch irgendwie schon anders?

Meine Familie ist dabei kein Ausnahmefall. Beim Gassigehen mit Aylin treffe ich die Nachbarin, die schon seit Stunden draußen rumläuft, weil ihre drei Männer – ein Ehemann und zwei erwachsene Söhne – ihr tierisch auf den Geist gehen. Wir stehen auf dem Feld im geforderten Mindestabstand von zwei Metern und klagen uns gegenseitig unser Leid, denn ihr geht es ähnlich.

„Die Jungs führen sich auf, als wären sie wieder zwölf und vierzehn und nicht zweiundzwanzig und vierundzwanzig. Das gibt es doch gar nicht! Die erwarten, dass ich koche und bügle, und sie selbst liegen faul auf der Couch rum oder zocken auf ihrem Computer."

Mein Hotel Mama war eigentlich schon geschlossen, aber jetzt ist der alte Gast wieder eingezogen. Klar freue ich mich, dass mein Sohn gesund und munter durch unser Haus turnt, aber es müssen neue Regeln her, wird mir klar.

„Seid ihr einverstanden, dass jeder eine halbe Stunde am Tag etwas für den gemeinsamen Haushalt macht?", frage ich also.

„Ja klar", kommt schnell von meinem Sohn.

Mein Mann schaut verwirrt. „Jeden Tag?"

„Ja!"

„Na gut, wenn es sein muss."

Ja, es muss sein. Denn die nächsten Monate werden hier drei Erwachsene zusammenleben und ich bin nicht mehr bereit, in alte Muster zurückzufallen, aus denen ich mich mit Müh und Not befreit habe. Rücksicht und Respekt für den Freiraum des anderen sind ein Muss. Sonst zerschellt unser Familienboot an der Quarantäneklippe.

Das Thema „Lernen" – früher eines unserer Hauptgesprächsthemen – ist zwar für Nicholas derzeit aktuell, weil das Semester samt Prüfungen online weiterläuft, aber ich bin nur noch stille Beobachterin statt Antreiberin. Puh! Darauf hätte ich auch echt keine Lust mehr gehabt. Manchmal schleiche ich mich hoch zu ihm unters Dach und höre eine Vorlesung auf Englisch an. So ca. 15 Minuten, dann langweilt mich meist das Thema, aber dieses Studienfach war ja auch *seine* Wahl und nicht *meine*. Nicholas und ich reden zwar viel über seine Pläne, wo wir gerade so viel gemeinsame Zeit haben, aber ich möchte wirklich nicht mehr in Lernstoff und Prüfungen einbezogen werden, das würde mich viel zu sehr stressen.

Diese außergewöhnliche Situation ist eine Herausforderung für uns alle, aber gemeinsam schaffen wir das. Und irgendwie ist die Quarantäne auch eine Extrarunde geschenkte Zeit, mit der ich nicht mehr gerechnet hatte. Ich beschließe, alles ganz bewusst zu genießen, und irgendwie habe ich das Gefühl, Nicholas geht es genauso.

„Wo ich jetzt schon mal da bin, könnten wir doch zusammen die alten Spielsachen ausmisten", schlägt er irgendwann vor und grinst: „Allein schaffst du das sowieso nicht."

Und so machen wir es, räumen auf und aus, machen aus dem Spielzimmer im Keller ein Sportzimmer mit Fitnessgeräten, kochen gemeinsam, essen gemeinsam, reden viel und trainieren sogar gemeinsam. Erst laufen mir die Tränen vor Lachen runter, dann vor Anstrengung.

Himmel! Wann macht endlich das Pilatesstudio wieder auf?

Alles ist leicht, vertraut und doch verändert zwischen uns. Wir sind Mutter und Sohn, aber eben auch zwei erwachsene Menschen, die sich gegenseitig Raum für ihre eigenen Wünsche und Bedürfnisse geben. Ein neues Gefühl. Ein sehr schönes. Ich bin gespannt, wohin ich meinem Sohn noch folgen werde, welchen Weg er gehen wird. Und ich mache inzwischen einfach mal, worauf ich Lust habe.

Jetzt ist meine Zeit.

Der Kühlschrank ist voll, denn ich war drei Tage lang einkaufen, um für die Quarantäne vorbereitet zu sein. Als klar war, dass bald keine Flüge mehr aus Europa in den USA landen dürfen, habe ich nicht lange überlegt, sondern meine Mutter und Elias überredet, zu mir nach Miami zu kommen. Meine Mutter und ich landen zwei Tage vor Elias, der aus London einfliegt und an seiner Uni noch etwas zu regeln hat.

WIE IMMER UND ZUGLEICH GANZ ANDERS

Wie immer bereiten wir sein Zimmer vor und ich denke: *Ob das wohl wie immer sein wird, wenn das Kind zu Besuch ist? Mal sehen, wie lange das hier dauert.*

Elias geht es ähnlich, das merke ich, und am ersten Abend sagt er sogar: „Ich habe irgendwie das Gefühl, wieder klein zu sein."

Doch nach einer Woche ist uns allen klar: Nein, es hat sich etwas verändert. Wir haben eine neue Familiendynamik entwickelt. Denn mein Sohn ist längst erwachsen und diese Situation eben nicht wie immer. Es kommen keine Freunde zu Besuch, wir haben kein Open House wie sonst immer, sondern verbringen die Zeit abgekapselt von der Welt da draußen wie alle anderen auch. Nur auf uns selbst zurückgeworfen.

Wir brauchen eine Struktur, das ist uns allen klar!

Also überlegen wir, wer welche Aufgaben im Haus übernehmen und etwas für den anderen tun kann, wir entwickeln gemeinsame Rituale. Schnell wird klar: Für Body und Mind ist ab sofort Elias zuständig. Er fahndet im ganzen Haus nach Fitnessgeräten, weil er sein Work-out weitermachen möchte, aber in kein Studio gehen kann. Zum Glück bin ich wegen meiner Sport-DVDs gut ausgestattet und so baut Elias mit Langhantel, Gewichten und Trainingsball zu Hause ein kleines Studio auf, sucht außerdem jeden Tag eine passende Meditation aus und bringt sogar meine Mutter dazu, auch mitzumachen. Was für eine großartige Erfahrung für uns alle! Da sitzen wir also jeden Tag zusammen im Zelt und meditieren gemeinsam, manchmal klinken sich sogar Noah und seine Freundin per Facetime aus Berlin ein, sodass das ein echtes Familienerlebnis wird.

Meine Mutter läuft dafür zu kulinarischer Höchstform auf, macht einen genauen Speiseplan, wann wir welche Gerichte zubereiten, um die Einkäufe nach und nach aufzubrauchen, denn wir fahren nur alle zwei Wochen in die Geschäfte.

Elias und ich ernähren uns gerade vegan und das findet meine Mutter faszinierend, sie erfindet unglaubliche Kreationen. Und vor allem kann sie sehr gut haushalten, was jetzt wichtig ist, weil hier in Miami nicht mehr alles sofort verfügbar ist.

Wir stellen uns um und merken, wie dankbar wir für alles sind, was bei uns im Garten wächst. Meine Kräuter, die ich zu Jahresbeginn ausgesät habe, sind hochgewachsen, der Avocadobaum blüht und die Mangos sind bald reif. Aus dem Basilikum machen wir Pesto, aus anderen Kräutern kochen wir Suppen, die vielen Bananen legen wir Freunden vor die Tür. Morgens verpasse ich allen meinen Immunzaubertrank aus Holunder, Ingwer, Zitrone und Kurkuma und täglich kommt eine andere Zutat dazu, wie zum Beispiel wilder Oregano.

Elias macht jeden Tag allein eine Stunde Stand-up-Paddeln auf dem Meer – das ist sein Highlight des Tages. Nur meinetwegen zieht er dabei seine Schwimmweste an, die er persönlich für total überflüssig hält, aber er weiß halt, dass ich mir sonst Sorgen mache, und das möchte er vermeiden.

Ich staune, wie viel er für die Uni lernt, wie intensiv er an Projekten arbeitet und mit meiner Mutter jeden Tag drei Stunden Deutsch lernt aus den Schulbüchern, die er früher nie angeschaut hat.

Nach einer Woche holt er die Gitarre raus und fängt an, sich mit dem Instrument intensiv zu beschäftigen. Immer wieder steht er damit im Garten oder sitzt im Wohnzimmer und nach ein paar Tagen kann er die ersten drei Lieder spielen.

DANKE

Ich bin in unserem Dreierbündnis fürs Grobe zuständig, fürs Organisieren und Besorgen der Lebensmittel. Außerdem kommen meine handwerklichen Fähigkeiten zum Einsatz. Ich schleife einen Tisch ab, repariere meine Gartentür mit Schlagbohrmaschine und Dübeln selbst, weil kein Handwerker greifbar ist. Ich baue den Stall für LeBron fertig, reinige die Fliesen im Eingang mit dem Sandstrahlgerät, hole jeden Krümel aus dem Pool, dünge meine Pflanzen akribisch. Mein Haus ist in Schuss wie seit Jahren nicht mehr und das geht wahrscheinlich den meisten Menschen so, jetzt, da wir alle notgedrungen daheim sind. Aber was macht auch mehr Sinn, als diese Zeit mit offenen Armen anzunehmen und für jene Dinge zu nutzen, die so lange liegen geblieben sind? Auch die emotionalen.

Irgendwann sieht mich Elias an und sagt: „Wann werde ich mit dir und Oma noch einmal so eine lange Zeit so intensiv verbringen? Für mich ist die Quarantäne wie ein Geschenk." Und dieses Gefühl haben wir alle drei.

Ja, mein Sohn war ausgezogen und diese lange Zeit, die wir früher gemeinsam verbracht haben, ist vorbei. Das hier ist eine Bonusrunde – auf einem neuen Level. Denn wir sind uns sehr bewusst, dass wir beide uns weiterentwickelt haben. Wir fallen nicht in alte Muster zurück, sondern schauen uns mit anderen Augen an, fangen uns jetzt gegenseitig auf. Ich muss nicht die ganze Zeit die starke Mama sein wie früher, sondern kann genauso offen über meine Sorgen sprechen wie Elias über seine.

Wir haben eine neue Gesprächsebene entwickelt mit unglaublich viel Empathie. Wir geben uns gegenseitig Zuspruch und lassen den anderen auch mal in Ruhe. Wir nehmen bewusst Rücksicht aufeinander.

Natürlich könnte man auch sagen: Wann ist denn das endlich vorbei? Aber wir haben beschlossen, diese besondere Zeit für uns zu nutzen, das Beste draus zu machen und aus dieser Aufgabe etwas zu lernen. Wenn wir ehrlich sind, leben wir alle doch nie im Moment. Wir sind ständig dabei, unser Leben zu planen: Wann fahre ich in den Urlaub? Wann muss ich für das nächste Meeting anreisen? Und bei all diesen Plänen verpassen wir es oft, im Augenblick präsent zu sein. Durch diese Pause leben wir den Moment sehr intensiv und versuchen, ihn mit viel Dankbarkeit zu füllen, weil wir zusammen sind und es uns gut geht.

Es ist fast wie eine letzte Lektion für mich als Mutter, als Mensch, denn ich kann nichts ändern an der allgemeinen Lage, sondern muss die Kontrolle komplett abgeben und loslassen. Natürlich sprechen wir auch viel über die Menschen, denen es nicht so geht wie uns hier in unserem großen Garten. Über Menschen, die alt sind, schwach sind, krank sind, ihre Jobs verlieren, und wie man etwas verändern könnte, um diesen Menschen zu helfen. Auch diese Gedanken teilen wir vermutlich mit den meisten Menschen.

Und am Ende des Tages ist da vor allem eines: unfassbare Dankbarkeit für das, was mir in meinem Leben geschenkt wurde.

Barbara Becker arbeitet erfolgreiche als Designerin für Schmuck und Interior. Neben ihren zahlreichen Fitness-DVDs brachte sie 2019 erfolgreich den Bestseller „Die Barbara Becker Formel" auf den Markt.

Christiane Soyke ist verheiratet, Mutter eines Sohnes und war immer voll berufstätig. Seit vielen Jahren ist sie Mitglied der Chefredaktion bei BUNTE und eng mit Barbara Becker befreundet.

IMPRESSUM

© 2021 GRÄFE UND UNZER VERLAG GmbH, München

Alle Rechte vorbehalten. Nachdruck, auch auszugsweise, sowie Verbreitung durch Bild, Funk, Fernsehen und Internet, durch fotomechanische Wiedergabe, Tonträger und Datenverarbeitungssysteme jeder Art nur mit schriftlicher Genehmigung des Verlages.

Projektleitung: Simone Kohl
Redaktion und Lektorat: Carina Heer
Coverillustration: Martina Frank
Herstellung: Markus Plötz
Satz: Christopher Hammond
Reproduktion: Repro Ludwig, Zell am See
Druck und Bindung: Livonia, Riga

ISBN 978-3-8338-7524-3
1. Auflage 2021

Die GU-Homepage finden Sie unter www.gu.de

Bildnachweis:
Klappe vorne innen: Barbara Becker
Klappe hinten innen: Jens von Zoest

Umwelthinweis:
Dieses Buch ist auf FSC-zertifiziertem Papier aus nachhaltiger Waldwirtschaft gedruckt.

GRÄFE
UND
UNZER

Ein Unternehmen der
GANSKE VERLAGSGRUPPE